Compañero de oración para la adoración eucarística

Conferencia de Obispos Católicos
de los Estados Unidos

Washington, DC

Imagen en la cubierta: *A Monstrance*, artista desconocido, National Gallery of Art.

Los textos de la Sagrada Escritura utilizados en esta obra han sido extraídos de *El Libro del Pueblo de Dios*, copyright © 2011, Editorial Verbo Divino. Utilizados con permiso. Todos los derechos reservados.

Los extractos de los Papas y la cita de las *Confesiones* de san Agustín (p. 52), copyright © Libreria Editrice Vaticana, Cuidad del Vaticano. Utilizados con permiso. Todos los derechos reservados.

Los extractos del *Misal Romano, tercera edicion*, copyright © 2014, United States Conference of Catholic Bishops–Conferencia Episcopal Mexicana. Utilizados con permiso. Todos los derechos reservados.

Los extractos del *Ritual de la Sagrada Comunión y del culto eucarístico fuera de la Misa, tercera edición*, copyright © 1974, 2010, Conferencia Episcopal Mexicana. Utilizados con permiso. Todos los derechos reservados.

Los extractos del *Misal Romano Diario*, copyright © 1996, 1999, James Socias. Utilizados con permiso. Todos los derechos reservados.

Los extractos de *www.devocionario.com*. Utilizados con permiso. Todos los derechos reservados.

ISBN 978-1-60137-928-3

Primera impresión, diciembre de 2021

Copyright © 2021, United States Conference of Catholic Bishops, Washington, DC. Todos los derechos reservados.

ÍNDICE

Lecturas del Antiguo Testamento

Los Salmos

Lecturas de los Evangelios

Lecturas del Nuevo Testamento

Oraciones e himnos

Letanías

Extractos de los documentos papales

Extracto de una declaración pastoral de los obispos católicos de los Estados Unidos

LECTURAS DEL ANTIGUO TESTAMENTO

Génesis 2-3, extractos
La creación y la caída

(Gn 2,7-9. 3,6-13. 22-24)

Entonces el Señor Dios modeló al hombre con arcilla del suelo y sopló en su nariz un aliento de vida. Así el hombre se convirtió en un ser viviente. El Señor Dios plantó un jardín en Edén, al oriente, y puso allí al hombre que había formado. Y el Señor Dios hizo brotar del suelo toda clase de árboles, que eran atrayentes para la vista y apetitosos para comer; hizo brotar el árbol del conocimiento del bien y del mal. . . .

Cuando la mujer vio que el árbol era apetitoso para comer, agradable a la vista y deseable para adquirir discernimiento, tomó de su fruto y comió; luego se lo dio a su marido, que estaba con ella, y él también comió. Entonces se abrieron los ojos de los dos y descubrieron que estaban desnudos. Por eso se hicieron unos taparrabos, entretejiendo hojas de higuera. Al oír la voz del Señor Dios que se paseaba por el jardín, a la hora en que sopla la brisa, se ocultaron de él, entre los árboles del jardín. Pero el Señor Dios llamó al hombre y le dijo: «¿Dónde estás?». «Oí tus pasos por el jardín, respondió él, y tuve miedo porque estaba desnudo. Por eso me escondí». El replicó: «¿Y quién te dijo que estabas desnudo? ¿Acaso has comido del árbol que yo te prohibí?». El hombre respondió: «La mujer que pusiste a mi lado me dio el fruto y yo comí de él». El Señor Dios dijo a la mujer: «¿Cómo hiciste semejante cosa?». La mujer respondió: «La serpiente me sedujo y comí». . . .

Después el Señor Dios dijo: «El hombre ha llegado a ser como uno de nosotros en el conocimiento del bien y del mal. No vaya a ser que ahora extienda su mano, tome también del árbol de la vida, coma y viva para siempre». Entonces expulsó al hombre del jardín de Edén, para que trabajara la tierra de la que había sido sacado. Y después de expulsar al hombre, puso al oriente del jardín de Edén a los querubines y la llama de la espada zigzagueante, para custodiar el acceso al árbol de la vida.

Génesis 14,18-20
El ofrecimiento de Melquisedec

Melquisedec, rey de Salem, que era sacerdote de Dios, el Altísimo, hizo traer pan y vino, y bendijo a Abram, diciendo: «¡Bendito sea Abram de parte de Dios, el Altísimo, creador del cielo y de la tierra! ¡Bendito sea Dios, el Altísimo, que entregó a tus enemigos en tus manos!». Y Abram le dio el diezmo de todo.

Éxodo 12, extractos
La celebración de la Pascua

(Versos 1, 3, 5, 7-8, 11-14, 17, 21-28)

Luego el Señor dijo a Moisés y a Aarón en la tierra de Egipto: . . . Digan a toda la comunidad de Israel: El diez de este mes, consíganse cada uno un animal del ganado menor, uno para cada familia. . . . Elijan un animal sin ningún defecto, macho y de un año; podrá ser cordero o cabrito. . . . Después tomarán un poco de su sangre, y marcarán con ella los dos postes y el dintel de la puerta de las casas donde lo coman. Y esa misma noche comerán la carne asada al fuego, con panes sin levadura y verduras amargas. . . . Deberán comerlo así: ceñidos con un cinturón, calzados con sandalias y con el bastón en la mano. Y lo comerán rápidamente: es la Pascua del Señor. Esa noche yo pasaré por el país de Egipto para exterminar a todos sus primogénitos, tanto hombres como animales, y daré un justo escarmiento a los dioses de Egipto. Yo soy el Señor. La sangre les servirá de señal para indicar las casas donde ustedes estén. Al verla, yo pasaré de largo, y así ustedes se libarán del golpe del Exterminador, cuando yo castigue al país de Egipto. Este será para ustedes un día memorable y deberán solemnizarlo con una fiesta en honor del Señor. Lo celebrarán a lo largo de las generaciones como una institución perpetua. . . .

Ustedes celebrarán la fiesta de los Acimos, porque ese día hice salir de Egipto a los ejércitos de Israel. Observarán este día a lo largo de las generaciones como una institución perpetua. . . .

Moisés convocó a todos los ancianos de Israel y les dijo: «Vayan a buscar un animal del ganado menor para cada familia e inmolen la víctima pascual. Luego tomen un manojo de plantas de hisopo, mójenlo en la sangre recogida en un recipiente, y marquen con la sangre el dintel y los dos postes de las puertas; y que ninguno de ustedes salga de su casa hasta la mañana siguiente. Porque el Señor pasará para castigar a Egipto; pero al ver la sangre en el dintel y en los dos postes, pasará de largo por aquella puerta, y no permitirá que el Exterminador entre en sus casas para castigarlos. Cumplan estas disposiciones como un precepto permanente, para ustedes y para sus hijos. Cuando lleguen a la tierra que el Señor ha prometido darles, observen este rito. Y cuando sus hijos les pregunten qué significado tiene para ustedes este rito, les responderán: «Este es el sacrificio de la Pascua del Señor, que pasó de largo en Egipto por las casas de los israelitas cuando castigó a los egipcios y salvó a nuestras familias». El pueblo de postró en señal de adoración. Luego los israelitas se fueron y realizaron exactamente todo lo que el Señor había ordenado a Moisés y a Aarón.

Éxodo 16, extractos
El maná del Cielo

(Versos 1-15. 25-35)

Luego partieron de Elim, y el día quince del segundo mes después de su salida de Egipto, toda la comunidad de los israelitas llegó al desierto de Sin, que está entre Elim y el Sinaí. En el desierto, los israelitas comenzaron a protestar contra Moisés y Aarón. «Ojalá el Señor nos hubiera hecho morir en Egipto, les decían, cuando nos sentábamos delante de las ollas de carne y comíamos pan hasta saciarnos. Porque ustedes nos han traído a este desierto para matar de hambre a toda esta asamblea». Entonces el Señor dijo a Moisés: «Yo haré caer pan para ustedes desde lo alto del cielo, y el pueblo saldrá cada día a recoger su ración diaria. Así los pondré a prueba, para ver si caminan o no de acuerdo con mi ley. El sexto día de la semana, cuando preparen lo que hayan juntado, tendrán el doble de lo que recojan cada día». Moisés y Aarón dijeron a todos los israelitas: «Esta tarde ustedes sabrán que ha sido el Señor el que los hizo salir de Egipto, y por la mañana verán la gloria del Señor, ya que el Señor los oyó protestar contra él. Porque ¿qué somos nosotros para que nos hagan estos reproches?». Y Moisés añadió: «Esta tarde el Señor les dará carne para comer, y por la mañana hará que tengan pan hasta saciarse, ya que escuchó las protestas que ustedes dirigieron contra él. Porque ¿qué somos nosotros? En realidad, ustedes no han protestado contra nosotros, sino contra el Señor». Moisés dijo a Aarón: «Da esta orden a toda la comunidad de los israelitas: Preséntense ante el Señor, porque él ha escuchado sus protestas». Mientras Aarón les estaba hablando, ellos volvieron su mirada hacia el desierto, y la gloria del Señor se apareció en la nube. Y el

Señor dijo a Moisés: «Yo escuché las protestas de los israelitas. Por eso, háblales en estos términos: «A la hora del crepúsculo ustedes comerán carne, y por la mañana se hartarán de pan. Así sabrán que yo, el Señor, soy su Dios». Efectivamente, aquella misma tarde se levantó una bandada de codornices que cubrieron el campamento; y a la mañana siguiente había una capa de rocío alrededor de él. Cuando esta se disipó, apareció sobre la superficie del desierto una cosa tenue y granulada, fina como la escarcha sobre la tierra. Al verla, los israelitas se preguntaron unos a otros: ¿Qué es esto?». Porque no sabían lo que era. Entonces Moisés les explicó: «Este es el pan que el Señor les ha dado como alimento». . . .

Entonces Moisés les dijo: «Hoy tendrán esto para comer, porque este es un día de descanso en honor del Señor, y en el campo no encontrarán nada. Ustedes lo recogerán durante seis días, pero el séptimo día, el sábado, no habrá nada». A pesar de esta advertencia, algunos salieron a recogerlo el séptimo día, pero no lo encontraron. El Señor dijo a Moisés: «¿Hasta cuando se resistirán a observar mis mandamientos y mis leyes? El Señor les ha impuesto el sábado, y por eso el sexto día les duplica la ración. Que el séptimo día todos permanezcan en su sitio y nadie se mueva del lugar donde está». Y el séptimo día, el pueblo descansó. La casa de Israel llamó «maná» a ese alimento. Era blanco como la semilla de cilantro y tenía un gusto semejante al de las tortas amasadas con miel.

Después Moisés dijo: «El Señor ordena lo siguiente: Llenen de maná un recipiente de unos cuatro litros, y consérvenlo para que sus descendientes vean el alimento que les di de comer cuando los hice salir de Egipto». Y Moisés dijo a Aarón: «Toma un recipiente, coloca en él unos cuatro litros de maná y deposítalo delante del Señor, a fin de conservarlo para las generaciones futuras». Aarón puso en el recipiente la cantidad de maná que el Señor había ordenado a Moisés, y lo depositó delante del Arca del Testimonio, a fin de que se conservara. Los israelitas comieron el maná durante cuarenta años, hasta que llegaron a una región habitada. Así se alimentaron hasta su llegada a los límites de Canaán.

Éxodo 24,3-8
La Alianza

Moisés fue a comunicar al pueblo todas las palabras y prescripciones del Señor, y el pueblo respondió a una sola voz: «Estamos decididos a poner en práctica todas las palabras que ha dicho el Señor». Moisés consignó por escrito las palabras del Señor, y a la mañana siguiente, bien temprano, levantó un altar al pie de la montaña y erigió doce piedras en representación a las doce tribus de Israel. Después designó a un grupo de jóvenes israelitas, y ellos ofrecieron holocaustos e inmolaron terneros al Señor, en sacrificio de comunión. Moisés tomó la mitad de la sangre, la puso en unos recipientes, y derramó la otra mitad sobre el altar. Luego tomó el documento de la alianza y lo leyó delante del pueblo, el cual exclamó: «Estamos resueltos a poner en práctica y a obedecer todo lo que el Señor ha dicho». Entonces Moisés tomó la sangre y roció con ella al pueblo, diciendo: «Esta es la sangre de la alianza que ahora el Señor hace con ustedes, según lo establecido en estas cláusulas».

Deuteronomio 8,1-16
Las bendiciones de la Alianza

La protección divina en el desierto

Pongan cuidado en practicar íntegramente el mandamiento que hoy les doy. Así ustedes vivirán, se multiplicarán y entrarán a tomar posesión de la tierra que el Señor prometió a sus padres con un juramento. Acuérdate del largo camino que el Señor, tu Dios, te hizo recorrer por el desierto durante esos cuarenta años. Allí él te afligió y te puso a prueba, para conocer el fondo de tu corazón y ver si eres capaz y no de guardar sus mandamientos. Te afligió y te hizo sentir hambre, pero te dio a comer el maná, ese alimento que ni tú ni tus padres conocían, para enseñarte que el hombre no vive solamente de pan, sino de todo lo que sale de la boca del Señor. La ropa que llevabas puesta no se gastó, ni tampoco se hincharon tus pies durante esos cuarenta años. Reconoce que el Señor, tu Dios, te corrige como un padre a sus hijos. Observa los mandamientos del Señor, tu Dios; sigue sus caminos y témelo.

Las tentaciones de los israelitas en la Tierra prometida

Sí, el Señor, tu Dios, te va a introducir en una tierra fértil, un país de torrentes, de manantiales y de aguas profundas que brotan del valle y de la montaña, una tierra de trigo y cebada, de viñedos, de higueras y granados, de olivares, de aceite y miel; un país donde comerás pan en abundancia y donde nada te faltará, donde las piedras son de hierro y de cuyas montañas extraerás cobre. Allí comerás hasta saciarte y bendecirás al Señor, tu Dios, por la tierra fértil que él te dio. Pero ten cuidado: no olvides al Señor, tu Dios, ni dejes de observar sus mandamientos, sus leyes y sus preceptos, que yo te prescribo hoy. Y cuando comas hasta saciarte, cuando construyas casas confortables y vivas en ellas, cuando se multipliquen tus vacas y tus ovejas, cuando tengas plata y oro en abundancia y se acrecienten todas tus riquezas, no te vuelvas arrogante, ni olvides al Señor tu Dios, que te hizo salir de Egipto, de un lugar de esclavitud, y te condujo por ese inmenso y temible desierto, entre serpientes abrasadoras y escorpiones. No olvides al Señor, tu Dios, que en esa tierra sedienta y sin agua, hizo brotar para ti agua de la roca, y en el desierto te alimentó con el maná, un alimento que no conocieron tus padres. Así te afligió y te puso a prueba, para que tú vieras un futuro dichoso.

1 Reyes 19,3-18
El viaje de Elías al monte Horeb

Él tuvo miedo, y partió en seguida para salvar su vida. Llegó a Berseba de Judá y dejó allí a su sirviente. Luego caminó un día entero por el desierto, y al final se sentó bajo una retama. Entonces se deseó la muerte y exclamó: «¡Basta ya, Señor! ¡Quítame la vida, porque yo no valgo más que mis padres!». Se acostó y se quedó dormido bajo la retama. Pero un ángel lo tocó y le dijo: «¡Levántate, come!». El miró y vio que había a su cabecera una galleta cocida sobre piedras calientes y un jarro de agua. Comió, bebió y se acostó de nuevo. Pero el Ángel del Señor volvió otra vez, lo tocó y le dijo: «¡Levántate, come, porque todavía te queda mucho por caminar!». Elías se levantó, comió y bebió, y fortalecido por ese alimento caminó cuarenta días y cuarenta noches hasta la montaña de Dios, el Horeb.

El encuentro de Elías con Dios

Allí, entró en la gruta y pasó la noche. Entonces le fue dirigida la palabra del Señor. El Señor le dijo: «¿Qué haces aquí, Elías?». El respondió: «Me consumo de celo por el Señor, el Dios de los ejércitos, porque los israelitas abandonaron tu alianza, derribaron tus altares y mataron a tus profetas con la espada. He quedado yo solo y tratan de quitarme la vida». El Señor le dijo: «Sal y quédate de pie en la montaña, delante del Señor». Y en ese momento el Señor pasaba. Sopló un viento huracanado que partía las montañas y resquebrajaba las rocas delante del Señor. Pero el Señor no estaba en el viento. Después del viento, hubo un terremoto. Pero el Señor no estaba en el terremoto. Después del terremoto, se encendió un fuego. Pero el Señor no estaba en el fuego. Después del fuego, se oyó el rumor de una brisa suave. Al oírla, Elías se cubrió el rostro con su manto, salió y se quedó de pie a la entrada de la gruta. Entonces le llegó una voz, que decía: «¿Qué haces aquí, Elías?». El respondió: «Me consumo de celo por el Señor, el Dios de los ejércitos, porque los israelitas abandonaron tu alianza, derribaron tus altares y mataron a tus profetas con la espada. He quedado yo solo y tratan de quitarme la vida». El Señor le dijo: «Vuelve por el mismo camino, hacia el desierto de Damasco. Cuando llegues, ungirás a Jazael como rey de Aram. A Jehú, hijo de Nimsí, lo ungirás rey de Israel, y a Eliseo, hijo de Safat, de Abel Mejolá, lo ungirás profeta en lugar de ti. Al que escape de la espada de Jazael, lo hará morir Jehú; al que escape de la espada de Jehú, lo hará morir Eliseo. Pero

yo preservaré en Israel un resto de siete
mil hombres: todas las rodillas que no se
doblaron ante Baal y todas las bocas que
no lo besaron».

Isaías 53
Él soportaba nuestros sufrimientos

¿Quién creyó lo que nosotros
    hemos oído
y a quién se le reveló el brazo del Señor?
El creció como un retoño en
    su presencia,
como una raíz que brota de una
    tierra árida,
sin forma ni hermosura que atrajera
    nuestras miradas,
sin un aspecto que pudiera agradarnos.
Despreciado, desechado por los
    hombres,
abrumado de dolores y habituado al
    sufrimiento,
como alguien ante quien se aparta
    el rostro,
tan despreciado, que lo tuvimos
    por nada.

Pero él soportaba nuestros sufrimientos
     y cargaba con nuestras dolencia,
y nosotros lo considerábamos golpeado,
herido por Dios y humillado.
El fue traspasado por nuestras rebeldías
y triturado por nuestras iniquidades.
El castigo que nos da la paz recayó
     sobre él
y por sus heridas fuimos sanados.
Todos andábamos errantes como ovejas,
siguiendo cada uno su propio camino,
y el Señor hizo recaer sobre él las iniqui-
     dades de todos nosotros.
Al ser maltratado, se humillaba y ni
     siquiera abría su boca:
como un cordero llevado al matadero,
como una oveja muda ante el que
     la esquila,
él no abría su boca.
Fue detenido y juzgado injustamente,
y ¿quién se preocupó de su suerte?
Porque fue arrancado de la tierra
de los vivientes y golpeado por las rebel-
     días de mi pueblo.
Se le dio un sepulcro con los
     malhechores
y una tumba con los impíos,

aunque no había cometido violencia ni
   había engaño en su boca.
El Señor quiso aplastarlo con el
   sufrimiento.
Si ofrece su vida en sacrificio de
   reparación,
verá su descendencia, prolongará
   sus días,
y la voluntad del Señor se cumplirá por
   medio de él.
A causa de tantas fatigas, él verá la luz
y, al saberlo, quedará saciado.
Mi Servidor justo justificará a muchos
y cargará sobre sí las faltas de ellos.
Por eso le daré una parte entre los
   grandes
y él repartirá el botín junto con los
   poderosos.
Porque expuso su vida a la muerte
y fue contado entre los culpables,
siendo así que llevaba el pecado de
   muchos
e intercedía en favor de los culpables.

Isaías 55
Promesa de una alianza eterna

¡Vengan a tomar agua, todos los
    sedientos,
y el que no tenga dinero, venga
    también!
Coman gratuitamente su ración de trigo,
y sin pagar, tomen vino y leche.
¿Por qué gastan dinero en algo que no
    alimenta
y sus ganancias, en algo que no sacia?
Háganme caso, y comerán buena
    comida,
se deleitarán con sabrosos manjares.
Presten atención y vengan a mí,
escuchen bien y vivirán.
Yo haré con ustedes una alianza eterna,
obra de mi inquebrantable amor
    a David.
Yo lo he puesto como testigo para
    los pueblos,
jefe y soberano de naciones.
Tú llamarás a una nación que no
    conocías,
y una nación que no te conocía correrá
    hacia ti,

a causa del Señor, tu Dios,
y por el Santo de Israel, que te glorifica.

Los inescrutables caminos del Señor

¡Busquen al Señor mientras se
    deja encontrar,
llámenlo mientras está cerca!
Que le malvado abandone su camino
y el hombre perverso, sus pensamientos;
que vuelva el Señor,
y él le tendrá compasión, a
    nuestro Dios,
que es generoso en perdonar.
Porque los pensamientos de ustedes no
    son los míos,
ni los caminos de ustedes son mis cami-
    nos —oráculo del Señor—.
Como el cielo se alza por encima de
    la tierra,
así sobrepasan mis caminos y mis
    pensamientos
a los caminos y a los pensamientos
    de ustedes.

La eficacia de la Palabra del Señor

Así como la lluvia y la nieve descienden
     del cielo
y no vuelven a él sin haber empapado
     la tierra,
sin haberla fecundado y hecho germinar,
para que dé la semilla al sembrador y el
     pan al que come,
así sucede con la palabra que sale de
     mi boca:
ella no vuelve a mí estéril,
sino que realiza todo lo que yo quiero
y cumple la misión que yo le
     encomendé.

Últimas palabras de consuelo

Sí, ustedes saldrán gozosamente
y serán conducidos en paz;
al paso de ustedes,
las montañas y las colinas prorrumpirán
     en gritos de alegría,
y aplaudirán todos los árboles
     del campo.
En lugar de zarzas brotarán cipreses,
y mirtos en lugar de ortigas:
esto dará al Señor un gran renombre,
será una señal eterna, que no se borrará.

Proverbios 9,1-6
El banquete de la Sabiduría

La Sabiduría edificó su casa,
talló sus siete columnas,
inmoló sus víctimas, mezcló su vino,
y también preparó su mesa.
Ella envió a sus servidoras a proclamar
sobre los sitios más altos de la ciudad:
«El que sea incauto, que venga aquí».
Y al falto de entendimiento, le dice:
«Vengan, coman de mi pan,
y beban del vino que yo mezclé.
Abandonen la ingenuidad, y vivirán,
y sigan derecho
por el camino de la inteligencia».

LOS SALMOS

Salmo 23 (22)
El buen pastor

Salmo de David.

El Señor es mi pastor,
nada me puede faltar.

El me hace descansar en verdes praderas,
me conduce a las aguas tranquilas
y repara mis fuerzas;
me guía por el recto sendero,
por amor de su Nombre.

Aunque cruce por oscuras quebradas,
no temeré ningún mal,
porque tú estás conmigo:
tu vara y tu bastón me infunden
confianza.

Tú preparas ante mí una mesa,
frente a mis enemigos;
unges con óleo mi cabeza
y mi copa rebosa.

Tu bondad y tu gracia me acompañan
a lo largo de mi vida;
y habitaré en la Casa del Señor,
por muy largo tiempo.

Salmo 24 (23)
El Rey de la gloria

Salmo de David.

Del Señor es la tierra y todo lo que hay
    en ella,
el mundo y todos sus habitantes
porque él la fundó sobre los mares,
él la afirmó sobre las corrientes
    del océano.

¿Quién podrá subir a la Montaña
    del Señor
y permanecer en su recinto sagrado?

El que tiene las manos limpias
y puro el corazón;
el que no rinde culto a los ídolos
ni jura falsamente:
él recibirá la bendición del Señor,
la recompensa de Dios, su salvador.

Así son los que buscan al Señor
los que buscan tu rostro, Dios de Jacob.

¡Puertas, levanten sus dinteles,
levántense, puertas eternas,
para que entre el Rey de la gloria!

¿Y quién es ese Rey de la gloria?
Es el Señor, el fuerte, el poderoso,
el Señor poderoso no los combates.

¡Puertas, levanten sus dinteles,
levántense, puertas eternas,
para que entre el Rey de la gloria!

¿Y quién es ese Rey de la gloria?
El Rey de la gloria
es el Señor de los ejércitos.

Salmo 34 (33)
Alaba y glorifica a Dios

*De David. Cuando se fingió demente delante
de Abimélec, y tuvo que irse, echado por él.*

Bendeciré al Señor en todo tiempo,
su alabanza estará siempre en
    mis labios.

Mi alma se gloría en el Señor;
que lo oigan los humildes y se alegren.

Glorifiquen conmigo al Señor,
alabemos su Nombre todos juntos.

Busqué al Señor: él me respondió
y me libró de todos mis temores.

Miren hacia él y quedarán
resplandecientes,
y sus rostros no se avergonzarán.

Este pobre hombre invocó al Señor:
él lo escuchó y los salvó de sus
angustias.

El Ángel del Señor acampa
en torno de sus fieles, y los libra.

¡Gusten y vean qué bueno es el Señor!
¡Felices los que en él se refugian!

Teman al Señor, todos sus santos,
porque nada faltará a los que lo temen.

Los ricos se empobrecen y sufren
hambre,
pero los que buscan al Señor no carecen
de nada.

Vengan, hijos, escuchen:
	voy a enseñarles el temor del Señor.

¿Quién es el hombre que ama la vida
y desea gozar de días felices?

Guarda tu lengua del mal,
y tus labios de palabras mentirosas.

Apártate del mal y practica el bien,
busca la paz y sigue tras ella.

Los ojos del Señor miran al justo
y sus oídos escuchan su clamor;

pero el Señor rechaza a los que hacen
	el mal
para borrar su recuerdo de la tierra.

Cuando ellos claman, el Señor los
	escucha
y los libra de todas sus angustias.

El Señor está cerca del que sufre
y salva a los que están abatidos.

El justo padece muchos males,
pero el Señor lo libra de ellos.

Él cuida todos sus huesos,
no se quebrará ni uno solo.

La maldad hará morir al malvado,
y los que odian al justo serán castigados;

Pero el Señor rescata a sus servidores,
y los que se refugian en él no serán
    castigados.

Salmo 78 (77), 1-29
Pan de ángeles

Poema de Asaf.

Pueblo mío, escucha mi enseñanza,
presta atención a las palabras de
    mi boca:
yo voy a recitar un poema,
a revelar enigmas del pasado.

Lo que hemos oído y aprendido,
lo que nos contaron nuestros padres,
no queremos ocultarlo a nuestros hijos,
lo narraremos a la próxima generación:
son las glorias del Señor y su poder,
las maravillas que él realizó.

El dio una norma a Jacob,
estableció una ley en Israel,
y ordenó a nuestros padres
enseñar estas cosas a sus hijos.

Así las aprenderán las generaciones
		futuras
y los hijos que nacerán después;
y podrán contarlas a sus propios hijos,
para que pongan su confianza en Dios,
para que no se olviden de sus proezas
y observen sus mandamientos.

Así no serán como sus padres,
una raza obstinada y rebelde,
una raza de corazón inconstante
y de espíritu infiel a Dios:
como los arqueros de la tribu de Efraím,
que retrocedieron en el momento
		del combate.

Ellos no mantuvieron su alianza
		con Dios,
se negaron a seguir su Ley;
olvidaron sus proezas
y las maravillas que les hizo ver,
cuando hizo prodigios a la vista de
		sus padres,
en la tierra de Egipto, en los campos
		de Tanis:
abrió el Mar para darles paso
y contuvo las aguas como un dique;
de día los guiaba con la nube
y de noche, con el resplandor del fuego.

Partió las rocas en el desierto
y les dio de beber a raudales:
sacó manantiales del peñasco,
hizo correr las aguas como ríos.

Pero volvieron a pecar contra él
y a rebelarse contra el Altísimo en
    el desierto:
tentaron a Dios en sus corazones,
pidiendo comida a su antojo.

Hablaron contra Dios, diciendo:
«¿Acaso tiene Dios poder suficiente
para preparar una mesa en el desierto?
Es verdad que cuando golpeó la roca,
brotó el agua y desbordaron
    los torrentes;
pero ¿podrá también darnos pan
y abastecer de carne a su pueblo?».

El Señor, al oírlos, se indignó,
y un fuego se encendió contra Jacob;
su enojo se alzó contra Israel,
porque no creyeron en Dios
ni confiaron en su auxilio.
Entonces mandó a las nubes en lo alto
y abrió las compuertas del cielo:
hizo llover sobre ellos el maná,

les dio como alimento un trigo celestial;
todos comieron en pan de ángeles,
les dio comida hasta saciarlos.

Hizo soplar desde el cielo el viento
    del este,
atrajo con su poder el viento del sur;
hizo llover sobre ellos carne como polvo
y pájaros como arena del mar:
los dejó caer en medio del campamento,
alrededor de sus carpas.

Ellos comieron y se hartaron,
pues les dio lo que habían pedido.

Salmo 91 (90)
El amparo del Altísimo

Tú que vives al amparo del Altísimo
y resides a la sombra del Todopoderoso,
di al Señor: «Mi refugio y mi baluarte,
mi Dios, en quien confío».

El te librará de la red del cazador
y de la peste perniciosa;
te cubrirá con sus plumas,
y hallarás un refugio bajo sus alas.

No temerás los terrores de la noche,
ni la flecha que vuela de día,
ni la peste que acecha en las tinieblas,
ni la plaga que devasta a pleno sol.

Aunque caigan mil a tu izquierda
y diez mil a tu derecha,
tú no serás alcanzado:
su brazo es escudo y coraza.

Con sólo dirigir una mirada,
verás el castigo de los malos,
porque hiciste del Señor tu refugio
y pusiste como defensa al Altísimo.

No te alcanzará ningún mal,
ninguna plaga se acercará a tu carpa,
porque él te encomendó a sus ángeles
para que te cuiden en todos
        tus caminos.

Ellos te llevarán en sus manos
para que no tropieces contra ninguna
        piedra;
caminarás sobre leones y víboras,
pisotearás cachorros de león y
        serpientes.

«El se entregó a mí,
por eso, yo lo glorificaré;
lo protegeré, porque conoce mi
      Nombre;
me invocará, y yo le responderé.

Estará con él en el peligro,
lo defenderé y lo glorificaré;
le haré gozar de una larga vida
y le haré ver mi salvación».

Salmo 116B
(114,10-19; 115)
La copa de la salvación

Tenía confianza, incluso cuando dije:
«¡Qué grande es mi desgracia!».
Yo, que en mi turbación llegué a decir:
«¡Los hombres son todos mentirosos!».

¿Con qué pagaré al Señor
todo el bien que me hizo?

Alzaré la copa de la salvación
e invocaré el nombre del Señor.
Cumpliré mis votos al Señor,
en presencia de todo su pueblo.

¡Qué penosa es para el Señor
la muerte de sus amigos!
Yo, Señor, soy tu servidor,
tu servidor, lo mismo que mi madre:
por eso rompiste mis cadenas.

Te ofreceré un sacrificio de alabanza,
e invocaré el nombre del Señor.
Cumpliré mis votos al Señor,
en presencia de todo su pueblo,
en los atrios de la Casa del Señor,
en medio de ti, Jerusalén.

¡Aleluya!

Salmo 145 (144)
Proclamando las obras del Señor

Himno de David.

Te alabaré, Dios mío, a ti, el único Rey,
y bendeciré tu Nombre eternamente;

Día tras día te bendeciré,
y alabaré tu Nombre sin cesar.
¡Grande es el Señor y muy digno de
    alabanza:
su grandeza es insondable!

Cada generación celebra tus acciones
y le anuncia a las otras tus portentos:

ellas hablan del esplendor de tu gloria,
y yo también cantaré tus maravillas.

Ellas publican tus tremendos prodigios
y narran tus grandes proezas;

divulgan el recuerdo de tu inmensa
    bondad
y cantan alegres por tu victoria.

El Señor es bondadoso y compasivo,
lento para enojarse y de gran
    misericordia;

el Señor es bueno con todos
y tiene compasión de todas sus criaturas.

Que todas tus obras te den gracias, Señor,
y tus fieles te bendigan;

que anuncien la gloria de tu reino
y proclamen tu poder.

Así manifestarán a los hombres tu
    fuerza
y el glorioso esplendor de tu reino:

Tu reino es un reino eterno,
y tu dominio permanece para siempre.

El Señor es fiel en todas sus palabras
y bondadoso en todas sus acciones.

El Señor sostiene a los que caen
y endereza a los que están encorvados.

Los ojos de todos esperan en ti,
y tú les das la comida a su tiempo;

abres tu mano y colmas de favores
a todos los vivientes.

El Señor es justo en todos sus caminos
y bondadoso en todas sus acciones.

El Señor está cerca de aquellos que
    lo invocan,
de aquellos que lo invocan de verdad;

cumple los deseos de sus fieles,
escucha su clamor y los salva;

el Señor protege a todos sus amigos
y destruye a los malvados.

Mi boca proclamará la alabanza
    del Señor:
que todos los vivientes bendigan
su santo Nombre,
desde ahora y para siempre.

LECTURAS DE LOS EVANGELIOS

Mateo 26, 26-30
La institución de la Eucaristía

Mientras comían, Jesús tomó el pan, pronunció la bendición, lo partió y lo dio a sus discípulos, diciendo: «Tomen y coman, esto es mi Cuerpo». Después tomó una copa, dio gracias y se la entregó, diciendo: «Beban todos de ella, porque esta es mi Sangre, la Sangre de la Alianza, que se derrama por muchos para la remisión de los pecados. Les aseguro que desde ahora no beberé más de este fruto de la vid, hasta el día en que beba con ustedes el vino nuevo en el Reino de mi Padre». Después del canto de los Salmos, salieron hacia el monto de los Olivos.

Marcos 6,30-33
Descansa con Jesús

Los Apóstoles se reunieron con Jesús y le contaron todo lo que habían hecho y enseñado. El les dijo: «Vengan ustedes solos a un lugar desierto, para descansar un poco». Porque era tanta la gente que iba y venía, que no tenían tiempo ni para comer. Entonces se fueron solos en la barca a un lugar desierto. Al verlos partir, muchos los reconocieron, y de todas las ciudades acudieron por tierra a aquel lugar y llegaron antes que ellos».

Lucas 24,13-35
El camino a Emaús

Ese mismo día, dos de los discípulos iban a un pequeño pueblo llamado Emaús, situado a unos diez kilómetros de Jerusalén. En el camino hablaban sobre lo que había ocurrido. Mientras conversaban y discutían, el mismo Jesús se acercó y siguió caminando con ellos. Pero algo impedía que sus ojo lo reconocieran. El les dijo: «¿Qué comentaban por el camino?». Ellos se detuvieron, con el semblante triste, y uno de ellos, llamado Cleofás, le respondió: «¡Tú eres el único forastero en Jerusalén que ignora lo que pasó en estos días!». «¿Qué cosa?», les preguntó. Ellos respondieron: «Lo referente a Jesús, el Nazareno, que fue un profeta poderoso en obras y en palabras delante de Dios y de todo el pueblo, y cómo nuestros sumos sacerdotes y nuestros jefes lo entregaron para ser condenado a muerte y lo crucificaron. Nosotros esperábamos que fuera él quien librara a Israel. Pero a todo esto ya van tres días que sucedieron estas cosas. Es verdad que algunas mujeres que están con nosotros nos han desconcertado: ellas fueron de madrugada al sepulcro y al no hallar el cuerpo de Jesús, volvieron diciendo que se les había aparecido unos ángeles, asegurándoles que él está vivo. Algunos de los nuestros fueron al sepulcro y encontraron todo como las mujeres habían dicho. Pero a él no lo vieron». Jesús les dijo: «¡Hombres duros de entendimiento, cómo les cuesta creer todo lo que anunciaron los profetas! ¿No será necesario que el Mesías soportara esos sufrimientos para entrar en su gloria?» Y comenzando por Moisés y continuando en todas las Escrituras lo que se refería a él. Cuando llegaron cerca del pueblo adonde iban, Jesús hizo ademán de seguir adelante. Pero ellos le insistieron: «Quédate con nosotros, porque ya es tarde y el día se acaba». El entró y se quedó con ellos. Y estando a la mesa, tomó el pan y pronunció la bendición; luego lo partió y se lo dio. Entonces los ojos de los discípulos se abrieron y lo reconocieron, pero él había desaparecido de su vista. Y se decían: «¿No ardía acaso nuestro corazón, mientras nos hablaba en el camino y nos explicaba las Escrituras?». En ese mismo momento, se pusieron en camino y regresaron a Jerusalén. Allí encontraron reunidos a los Once y a los demás que estaban con ellos, y estos les dijeron: «Es verdad, ¡el Señor ha resucitado y se apareció a Simón!». Ellos, por su parte, contaron lo que les había pasado en el camino y cómo lo habían reconocido al partir el pan.

Juan 6,1-15
La multiplicación de los panes

Después de esto, Jesús atravesó el mar de Galilea, llamado Tiberíades. Lo seguía una gran multitud, al ver los signos que hacía curando a los enfermos. Jesús subió a la montaña y se sentó allí con sus discípulos. Se acercaba la Pascua, la fiesta de los judíos. Al levantar los ojos, Jesús vio que una gran multitud acudía a él y dijo a Felipe: «¿Dónde compraremos pan para darles de comer?». El decía esto para ponerlo a prueba, porque sabía bien lo que iba a hacer. Felipe le respondió: «Doscientos denarios no bastarían para que cada uno pudiera comer un pedazo de pan». Uno de sus discípulos, Andrés, el hermano de Simón Pedro, le dijo: «Aquí hay un niño que tiene cinco panes de cebada y dos pescados, pero ¿qué es esto para tanta gente?». Jesús le respondió: «Háganlos sentar». Había mucho pasto en ese lugar. Todos se sentaron y eran uno cinco mil hombres. Jesús tomó los panes, dio gracias y los distribuyó a los que estaban sentados. Lo mismo hizo con los pescados, dándoles todo lo que quisieron. Cuando todos quedaron satisfechos, Jesús dijo a sus discípulos: «Recojan los pedazos que sobran, para que no se pierda nada». Los recogieron y llenaron doce canastas con los pedazos que sobraron de los cinco panes de cebada. Al ver el signo que Jesús acababa de hacer, la gente decía: «Este es, verdaderamente, el Profeta que debe venir al mundo». Jesús, sabiendo que querían apoderarse de él para hacerlo rey, se retiró otra vez solo a la montaña.

Juan 6,22-35
Pan de Vida

Al día siguiente, la multitud que se había quedado en la otra orilla vio que Jesús no había subido con sus discípulos en la única barca que había allí, sino que ellos habían partido solos. Mientras tanto, unas barcas de Tiberíades atracaron cerca del lugar donde habían comido el pan, después que el Señor pronunció la acción de gracias. Cuando la multitud se dio cuenta de que Jesús y sus discípulos no estaban allí, subieron a las barcas y fueron a Cafarnaúm en busca de Jesús. Al encontrarlo en la otra orilla, le preguntaron: «Maestro, ¿cuándo llegaste?». Jesús les respondió: «Les aseguro que ustedes me buscan, no porque vieron signos, sino porque han comido pan hasta saciarse. Trabajen, no por el alimento perecedero, sino por el que permanece hasta la Vida eterna, el que les dará el Hijo del hombre; porque es él a quien Dios, el Padre, marcó con su sello». Ellos le preguntaron: «¿Qué debemos hacer para realizar las obras de Dios?». Jesús les respondió: «La obra de Dios es que ustedes crean en aquel que él ha enviado». Y volvieron a preguntarle: «¿Qué signos haces para que veamos y creamos en ti? ¿Qué obra realizas? Nuestros padres comieron el maná en el desierto, como dice la Escritura: Les dio de comer el pan bajado del cielo». Jesús respondió: «Les aseguro que no es Moisés el que les dio el pan del cielo; mi Padre les da el verdadero pan del cielo; porque el pan de Dios es el que desciende del cielo y da Vida al mundo». Ellos le dijeron: «Señor, danos siempre de ese pan». Jesús les respondió: «Yo soy el pan de Vida. El

que viene a mí jamás tendrá hambre; el
que cree en mí jamás tendrá sed».

Juan 6,37-69
El pan vivo bajado del cielo

«Todo lo que me da el Padre viene a mí,
y al que venga a mí yo no lo rechazaré,
porque he bajado del cielo, no para hacer
mi voluntad, sino la del que me envió. La
voluntad del que me ha enviado es que yo
no pierda nada de lo que él me dio, sino
que lo resucite en el último día. Esta es
la voluntad de mi Padre: que el que ve al
Hijo y cree en él, tenga Vida eterna y que
yo lo resucite en el último día».

Los judíos murmuraban de él, porque
había dicho: «Yo soy el pan bajado del
cielo». Y decían: «¿Acaso este no es Jesús,
el hijo de José? Nosotros conocemos a su
padre y a su madre. ¿Cómo puede decir
ahora: «Yo he bajado del cielo»? Jesús
tomó la palabra y les dijo: «No murmuren
entre ustedes. Nadie puede venir a mí, si
no lo atrae el Padre que me envió; y yo
lo resucitaré en el último día. Está escrito

en el libro de los Profetas: "Todos serán instruidos por Dios". Todo el que oyó al Padre y recibe su enseñanza, viene a mí. Nadie ha visto nunca al Padre, sino el que viene de Dios: sólo él ha visto al Padre. Les aseguro que el que cree, tiene Vida eterna. Yo soy el pan de Vida. Sus padres, en el desierto, comieron el maná y murieron. Pero este es el pan que desciende del cielo, para que aquel que lo coma no muera. Yo soy el pan vivo bajado del cielo. El que coma de este pan vivirá eternamente, y el pan que yo daré es mi carne para la Vida del mundo».

Los judíos discutían entre sí, diciendo: «¿Cómo este hombre puede darnos a comer su carne?». Jesús les respondió: «Les aseguro que si no comen la carne del Hijo del hombre y no beben su sangre, no tendrán Vida en ustedes. El que come mi carne y bebe mi sangre tiene Vida eterna, y yo lo resucitaré en el último día. Porque mi carne es la verdadera comida y mi sangre, la verdadera bebida. El que come mi carne y bebe mi sangre permanece en mí y yo en él. Así como yo, que he sido enviado por el Padre que tiene Vida, vivo por el Padre, de la misma manera, el que me come vivirá por mí. Este es el pan bajado del cielo; no como el que comieron sus padres y murieron. El que coma de este pan vivirá eternamente».

Jesús enseñaba todo esto en la sinagoga de Cafarnaúm. Después de oírlo, muchos de sus discípulos decían: «¡Es duro este lenguaje! ¿Quién puede escucharlo?». Jesús, sabiendo lo que sus discípulos murmuraban, les dijo: «¿Esto los escandaliza? ¿Qué pasará entonces, cuando vean al Hijo del hombre subir donde estaba antes? El Espíritu es el que da Vida, la carne de nada sirve. Las palabras que les dije son Espíritu y Vida.

Pero hay entre ustedes algunos que no creen». En efecto, Jesús sabía desde el primer momento quiénes eran los que no creían y quién era el que lo iba a entregar. Y agregó: «Por eso les he dicho que nadie puede venir a mí, si el Padre no se lo concede». Desde ese momento, muchos de sus discípulos se alejaron de él y dejaron de acompañarlo. Jesús preguntó entonces a los Doce: «¿También ustedes quieren irse?». Simón Pedro le respondió: «Señor, ¿a quién iremos? Tú tienes palabras de Vida eterna. Nosotros hemos creído y sabemos que eres el Santo de Dios».

Juan 19,28-37
"Todo se ha cumplido"

Después, sabiendo que ya todo estaba cumplido, y para que la Escritura se cumpliera hasta el final, Jesús dijo: Tengo sed. Había allí un recipiente lleno de vinagre; empaparon en él una esponja, la ataron a una rama de hisopo y se la acercaron a la boca. Después de beber el vinagre, dijo Jesús: «Todo se ha cumplido». E inclinando la cabeza, entregó su espíritu.

Era el día de la Preparación de la Pascua. Los judíos pidieron a Pilato que hiciera quebrar las piernas de los crucificados y mandara retirar sus cuerpos, para que no quedaran en la cruz durante el sábado, porque ese sábado era muy solemne. Los soldados fueron y quebraron las piernas a los dos que habían sido crucificados con

Jesús. Cuando llegaron a él, al ver que ya estaba muerto, no le quebraron las piernas, sino que uno de los soldados le atravesó el costado con la lanza, y en seguida brotó sangre y agua. El que vio esto lo atestigua: su testimonio es verdadero y él sabe que dice la verdad, para que también ustedes crean. Esto sucedió para que se cumpliera la Escritura que dice: "No le quebrarán ninguno de sus huesos". Y otro pasaje de la Escritura, dice: "Verán al que ellos mismos traspasaron".

LECTURAS DEL NUEVO TESTAMENTO

Hechos de los Apóstoles 2,42-47
Los apóstoles parten el pan

Todos se reunían asiduamente para escuchar la enseñanza de los Apóstoles y participar en la vida común, en la fracción del pan y en las oraciones. Un santo temor se apoderó de todos ellos, porque los Apóstoles realizaban muchos prodigios y signos. Todos los creyentes se mantenían unidos y ponían lo suyo en común: vendían sus propiedades y sus bienes, y distribuían el dinero entre ellos, según las necesidades de cada uno. Íntimamente unidos, frecuentaban a diario el Templo, partían el pan en sus casas, y comían juntos con alegría y sencillez de corazón; ellos alababan a Dios y eran queridos por todo el pueblo. Y cada día, el Señor acrecentaba la comunidad con aquellos que debían salvarse.

Hechos de los Apóstoles 10,34-43
Comiendo y bebiendo con el Señor

Entonces Pedro, tomando la palabra, dijo: «Verdaderamente, comprendo que Dios no hace acepción de personas, y que en cualquier nación, todo el que lo teme y practica la justicia es agradable a él. El envió su Palabra al pueblo de Israel, anunciándoles la Buena Noticia de la paz por medio de Jesucristo, que es el Señor de todos. Ustedes ya saben qué ha ocurrido en toda Judea, comenzando por Galilea, después del bautismo que predicaba Juan: cómo Dios ungió a Jesús de Nazaret con el Espíritu Santo, llenándolo de poder. El pasó haciendo el bien y curando a todos los que habían caído en poder del demonio, porque Dios estaba con él. Nosotros somos testigos de todo lo que hizo en el país de los judíos y en Jerusalén. Y ellos mataron, suspendiéndolo de un patíbulo. Pero Dios lo resucitó al tercer día y le concedió que se manifestara, no a todo el pueblo, sino a testigos elegidos de antemano por Dios: a nosotros, que comimos y bebimos con él, después de su resurrección. Y nos envió a predicar al pueblo, y atestiguar que él fue constituido por Dios Juez de vivos y muertos. Todos los profetas dan testimonio de él, declarando que los que creen en él reciben el perdón de los pecados, en virtud de su Nombre».

1 Corintios 10,14-22
Comunión con el
Cuerpo de Cristo

Por esto, queridos míos, eviten la idolatría. Les hablo como a gente sensata; juzguen ustedes mismos lo que voy a decirles. La copa de bendición que bendecimos, ¿no es acaso comunión con la Sangre de Cristo? Y el pan que partimos, ¿no es comunión con el Cuerpo de Cristo? Ya que hay un solo pan, todos nosotros, aunque somos muchos, formamos un solo Cuerpo, porque participamos de ese único pan. Pensemos en Israel según la carne: aquellos que comen las víctimas, ¿no están acaso en comunión con el altar? ¿Quiero decir con esto que la carne sacrificada a los ídolos tiene algún valor, o que el ídolo es algo? No, afirmo sencillamente que los paganos ofrecen sus sacrificios a los demonios y no a Dios. Ahora bien, yo no quiero que ustedes entren en comunión con los demonios. Ustedes no pueden beber de la copa del Señor y de la copa de los demonios; tampoco pueden sentarse a la mesa del Señor y a la mesa de los demonios. ¿O es que queremos provocar los celos del Señor? ¿Pretendemos ser más fuertes que él?

1 Corintios 11,23-29
Remembranza Eucarística

Lo que yo recibí del Señor, y a mi vez les he transmitido, es lo siguiente: El Señor Jesús, la noche en que fue entregado, tomó el pan, dio gracias, lo partió y dijo: «Esto es mi Cuerpo, que se entrega por ustedes. Hagan esto en memoria mía». De la misma manera, después de cenar, tomó la copa, diciendo: «Esta copa es la Nueva Alianza que se sella con mi Sangre. Siempre que la beban, háganlo en memora mía». Y así, siempre que coman este pan y beban esta copa, proclamarán la muerte del Señor hasta que él vuelva. Por eso, el que coma el pan o beba la copa del Señor indignamente tendrá que dar cuenta del Cuerpo y de la Sangre del Señor. Que cada uno se examine a sí mismo antes de comer este pan y beber esta copa; porque si come y bebe sin discernir el Cuerpo del Señor, come y bebe su propia condenación.

Hebreos 9,11-26
La Nueva Alianza

La entrada de Cristo en el Santuario celestial

Cristo, en cambio, ha venido como Sumo Sacerdote de los bienes futuros. El, a través de una Morada más excelente y perfecta que la antigua —no construida por manos humanas, es decir, no de este mundo creado— entró de una vez por todas en el Santuario, no por la sangre de chivos y terneros, sino por su propia

sangre, obteniéndonos así una redención eterna. Porque si la sangre de chivos
y toros y la ceniza de ternera, con que se
rocía a los que están contaminados por
el pecado, los santifica, obteniéndoles la
pureza externa, ¡cuánto más la sangre de
Cristo, que por otra del Espíritu eterno
se ofreció sin mancha a Dios, purificará
nuestra conciencia de las obras que lle-
van a la muerte, para permitirnos tributar
culto al Dios viviente!

Cristo, mediador de la Nueva Alianza

Por eso, Cristo es mediador de una Nueva
Alianza entre Dios y los hombres, a fin
de que, habiendo muerto para redención
de los pecados cometidos en la primera
Alianza, los que son llamados reciban la
herencia eterna que ha sido prometida.
Porque para que se cumpla un testamento
es necesario que muera el testador: mientras se vive, el testamento no vale, y sólo
a su muerte entra en vigor. De allí que
tampoco la primera Alianza fuera inau-
gurada sin derramamiento de sangre.
Efectivamente, cuando Moisés promulgó
delante de todo el pueblo cada uno de los

mandamientos escritos en la Ley, tomó la sangre de novillos y chivos —junto con el agua, la lana escarlata y el hisopo— y roció el Libro y también a todo el pueblo, diciendo: "Esta es la sangre de la Alianza que Dios ha establecido con ustedes". De la misma manera, roció con sangre la Morada y todos los objetos del culto. Además, según prescribe la Ley, casi todas las purificaciones deben hacerse con sangre, ya que no hay remisión de pecados sin derramamiento de sangre. Ahora bien, si las figuras de las realidades celestiales debieron ser purificadas de esa manera, era necesario que esas mismas realidades también lo fueran, pero con sacrificios muy superiores. Cristo, en efecto, no entró en un Santuario erigido por manos humanas —simple figura del auténtico Santuario— sino en el cielo, para presentarse delante de Dios en favor nuestro. Y no entró para ofrecerse así mismo muchas veces, como lo hace el Sumo Sacerdote que penetra cada año en el Santuario con una sangre que no es la suya. Porque en ese caso, hubiera tenido que padecer muchas veces desde la creación del mundo. En cambio, ahora él se ha manifestado una sola vez, en la consumación de los tiempos, para abolir el pecado por medio de su Sacrificio.

Hebreos 10,14-24
Podemos entrar en el Santuario por la sangre de Jesús

Y así, mediante una sola oblación, él ha perfeccionado para siempre a los que santifica. El Espíritu Santo atestigua todo esto, porque después de haber anunciado: "Esta es la Alianza que haré con ellos después de aquellos días, dice el Señor: Yo pondré mis leyes en su corazón y las grabaré en su conciencia, y no me acordaré más de sus pecados ni de sus iniquidades". Y si los pecados están perdonados, ya no hay necesidad de ofrecer por ellos ninguna oblación.

Por lo tanto, hermanos, tenemos plena seguridad de que podemos entrar en el Santuario por la sangre de Jesús, siguiendo el camino nuevo y viviente que él nos abrió a través del velo del Templo, que es su carne. También tenemos un Sumo Sacerdote insigne al frente de la casa de Dios. Acerquémonos, entonces, con un corazón sincero y llenos de fe, purificados interiormente de toda mala conciencia y con el cuerpo lavado por el agua pura. Mantengamos firmemente la confesión de nuestra esperanza, porque aquel que ha hecho la promesa es fiel. Velemos los unos por los otros, para estimularnos en el amor y en las buenas obras.

Hebreos 12,14-24
Sangre más elocuente que la de Abel

Busquen la paz con todos y la santificación, porque sin ella nadie verá al Señor. Estén atentos para que nadie sea privado de la gracia de Dios, y para que no brote ninguna raíz venenosa capaz de perturbar y contaminar a la comunidad. Que no haya ningún impúdico ni profanador, como Esaú, que vendió su derecho a la primogenitura por un plato de comida. Recuerden que después, cuando quiso heredar la bendición de su padre fue rechazado, y por más que la imploró con lágrimas, no pudo obtener un cambio de decisión.

Ustedes, en efecto, no se han acercado a algo tangible: fuego ardiente, oscuridad, tinieblas, tempestad, sonido de trompeta, y un estruendo tal de palabras, que aquellos que lo escuchaban no quisieron que se les siguiera hablando. Porque no podrían soportar esta prescripción: Cualquiera que toque la montaña será apedreado, incluso los animales. Este espectáculo era tan terrible, que Moisés exclamó: Estoy aterrado y tiemblo. Ustedes, en cambio, se han acercado a la montaña de Sión, a la Ciudad del Dios viviente, a la Jerusalén celestial, a una multitud de ángeles, a una fiesta solemne, a la asamblea de los primogénitos cuyos nombres están escritos en el cielo. Se han acercado a Dios, que es el Juez del universo, y a los espíritus de los justos que ya han llegado a la perfección, a Jesús, el mediador de la Nueva Alianza, y a la sangre purificadora que habla más elocuentemente que la de Abel.

1 Pedro 1,17-21
El Cordero sin mancha y sin defecto

Y ya que ustedes llaman Padre a aquel que, sin hacer acepción de personas, juzga a cada uno según sus obras, vivan en el temor mientras están de paso en este mundo. Ustedes saben que fueron rescatados de la vana conducta heredada de sus padres, no con bienes corruptibles, como el oro y la plata, sino con la sangre preciosa de Cristo, el Cordero sin mancha y sin defecto, predestinado antes de la creación del mundo y manifestado en los últimos tiempos para bien de ustedes. Por él, ustedes creen en Dios, que lo ha resucitado y lo ha glorificado, de manera que la fe y la esperanza de ustedes estén puestas en Dios.

1 Juan 5,1-8
El Espíritu, el agua, y la sangre dan testimonio

El que cree que Jesús es el Cristo ha nacido de Dios; y el que ama al Padre ama también al que ha nacido de él. La señal de que amamos a los hijos de Dios es que amamos a Dios y cumplimos sus mandamientos. El amor a Dios consiste en cumplir sus mandamientos, y sus mandamientos no son una carga, porque el que ha nacido de Dios, vence al mundo. Y la victoria que triunfa sobre el mundo es nuestra fe. ¿Quién es el que vence al mundo, sino el que cree que Jesús es el Hijo de Dios? Jesucristo vino por el agua y por la sangre; no solamente con el agua, sino con el agua y con la sangre. Y el Espíritu es la verdad. Son tres los que dan testimonio: el Espíritu, el agua y la sangre; y los tres están de acuerdo.

Apocalipsis 1,4-8
Todos lo verán

Yo, Juan, escribo a las siete Iglesias de Asia. Llegue a ustedes la gracia y la paz de parte de aquel que es, que era y que vendrá, y de los siete Espíritus que están delante de su trono, y de Jesucristo, el Testigo fiel, el Primero que resucitó de entre los muertos, el Rey de los reyes de la tierra. El nos amó y nos purificó de nuestros pecados, por medio de su sangre, e hizo de nosotros un Reino sacerdotal para Dios, su Padre. ¡A él sea la gloria y el poder por los siglos de los siglos! Amén. El vendrá entre las nubes y todos lo verán, aún aquellos que lo habían traspasado. Por él se golpearán el pecho todas las razas de la tierra. Sí, así será. Amén. Yo soy el Alfa y la Omega, dice el Señor Dios, el que es, el que era y el que vendrá, el Todopoderoso.

Apocalipsis 12,10-11
La sangre del Cordero

Y escuché una voz potente que resonó en el cielo: «Ya llegó la salvación, el poder y el Reino de nuestro Dios y la soberanía de su Mesías porque ha sido precipitado el acusador de nuestros hermanos, el que día y noche los acusaba delante de nuestro Dios. Ellos mismos lo han vencido, gracias a la sangre del Cordero y al testimonio que dieron de él, porque despreciaron su vida hasta la muerte».

ORACIONES E HIMNOS

Anima Christi

(*Invocaciones a nuestro Santísimo Redentor*)

Alma de Cristo, santifícame.
Cuerpo de Cristo, sálvame.
Sangre de Cristo, embriágame.
Agua del costado de Cristo, lávame.
Pasión de Cristo, confórtame.
¡Oh, buen Jesús!, óyeme.
Dentro de tus llagas, escóndeme.
No permitas que me aparte de ti.
Del maligno enemigo, defiéndeme.
En la hora de mi muerte, llámame.
Y mándame ir a ti,
para que con tus santos te alabe,
por los siglos de los siglos.

Amén.

[del *Misal Romano*]

Oblación de sí mismo de san Ignacio de Loyola

Toma, Señor, y recibe toda mi libertad,
mi memoria,
mi entendimiento y toda mi voluntad,
todo lo que tengo y poseo.
Tú me lo diste;
a ti, Señor, lo torno;
todo es tuyo, dispón de ello según
    tu voluntad.
Dame tu amor y gracia, que esto me basta.

Amén.

[del *Misal Romano*]

O Salutaris Hostia

Oh saludable Hostia
que abres la puerta del cielo:
en los ataques del enemigo danos fuerza,
concédenos tu auxilio.
Al Señor Uno y Trino
se atribute eterna gloria:
y él, vida sin termino
nos otorgue en la Patria.

Amén.

Oración a Jesucristo crucificado

Mírame, oh mi amado y buen Jesús,
postrado ante tu santísima presencia.
Te ruego con el mayor fervor
que imprimas en mi corazón vivos senti-
    mientos de fe,
esperanza y caridad, verdadero dolor de
    mis pecados
y propósito firmísimo de enmendarme.
Mientras que yo,
con todo el amor y compasión de
    mi alma,
voy considerando tus cinco llagas,
teniendo presente aquello que dijo de ti,
    oh buen Jesús,
el santo profeta David:
Han taladrado mis manos y mis pies,
y se pueden contar todos mis huesos (Sal
    21, 17-18).

[del *Misal Romano*]

Oración para pedir a Dios todas las gracias, atribuida al Papa Clemente XI

Creo, Señor, fortalece mi fe;
espero, Señor, asegura mi esperanza;
te amo, Señor, inflama mi amor;
yo me arrepiento, Señor, aumenta mi
    arrepentimiento.

Te adoro como el primer principio,
te deseo como último fin,
te alabo como bienhechor perpetuo,
te invoco como defensor propicio.

Que tu sabiduría me dirija;
que tu justicia me refrene;
que tu clemencia me consuele,
y que tu poder me proteja.

Te ofrezco, Dios mío, mis pensamientos
    para pensar en ti,
mis palabras para hablar de ti,
mis obras para obrar según tu voluntad,
mis trabajos para padecerlos por ti.

Quiero lo que tú quieres,
lo quiero porque lo quieres,

lo quiero como lo quieres,
lo quiero mientras lo quieras.

Te ruego, Señor, que alumbres mi
    entendimiento,
abrases mi voluntad,
purifiques mi cuerpo
y santifiques mi alma.

Llore las iniquidades pasadas,
rechace las tentaciones futuras,
corrija las inclinaciones viciosas,
cultive las virtudes que me son necesarias.

Concédeme, Dios mío,
amor a ti, no buscarme a mí,
celo del prójimo,
desprecio del mundo.

Hazme obedecer a los superiores,
atender a los inferiores,
ayudar a los amigos,
perdonar a los enemigos.

Venza el deleite con la mortificación,
la avaricia con la largueza,
la ira con la mansedumbre,
la tibieza con el fervor.

Hazme prudente en los consejos,
constante en los peligros,
paciente en las adversidades,
humilde en las prosperidades.

Haz, Señor, que sea en la oración
     fervoroso,
en la comida sobrio,
en el cumplimiento de mis
     deberes diligente,
en los propósitos constante.

Concédeme que trabaje para alcanzar la
     santidad interior,
modestia exterior,
conducta edificante,
proceder correcto.

Que me aplique con diligencia a domar
     la naturaleza,
a corresponder a la gracia,
a guardar tu ley
y merecer mi salvación.

Dame a conocer, Dios mío,
cuán frágil es lo terreno,
cuán grande lo celestial y divino,
cuán breve lo temporal,
cuán duradero lo eterno.

Concédeme que me prepare para
    la muerte,
que tema el juicio,
que evite el infierno
y que obtenga la gloria del paraíso.
Por Jesucristo, nuestro Señor.

Amén.

[del *Misal Romano*]

Tantum Ergo

Adorad postrados
este Sacramento.
Cesa el viejo rito;
se establece el nuevo.
Dudan los sentidos
y el entendimiento:
que le fe lo supla
con asentimiento.

Himnos de alabanza,
bendición y obsequio;
por igual la gloria
y el poder y el reino
al eterno Padre
con el Hijo eterno

y el divino Espíritu
que procede de ellos. Amén.

V. Les diste pan del cielo.

R. Que contiene en si todo deleite.

Oremos.

Señor nuestro Jesucristo, que en este admirable sacramento nos dejaste el memorial de tu pasión, concédenos venerar de tal modo los sagrados misterios de tu Cuerpo y de tu Sangre, que experimentemos continuamente en nosotros el fruto de tu redención. Tú que vives y reinas por los siglos de los siglos. Amén.

O Sacrum Convivium

¡Oh sagrado banquete, en que Cristo es
    nuestra comida,
se celebra el memorial de su pasión,
el alma se llena de gracia
y se nos da la prenda de la gloria futura!

[del *Ritual de la Sagrada Comunión y del culto eucarístico fuera de la Misa* (1974)]

Alabanzas de Desagravio

Bendito sea Dios.

Bendito sea su santo nombre.

Bendito sea Jesucristo, verdadero Dios y verdadero Hombre.

Bendito sea el nombre de Jesús.

Bendito sea su Sacratísimo Corazón.

Bendito sea su Preciosísima Sangre.

Bendito sea Jesús en el Santísimo Sacramento del Altar.

Bendito sea el Espíritu Santo Paráclito.

Bendita sea la excelsa Madre de Dios, María Santísima.

Bendita sea su santa e inmaculada Concepción.

Bendita sea su gloriosa Asunción.

Bendito sea el nombre de María, Virgen y Madre.

Bendito sea san José, su castísimo esposo.

Bendito sea Dios en sus ángeles y en sus santos.

Aclamación a Cristo

Cristo, Maestro y Salvador nuestro.

Cristo, Mesías enviado.

Cristo, Fuente de la divina sabiduría.

Cristo, Buena Noticia.

Cristo, Médico de los enfermos.

Cristo, Palabra de verdad.

Cristo, Luz de los pueblos.

Cristo, Pan bajado del cielo.

Cristo, Muerto y Resucitado por nosotros.

Cristo, Presencia permanente entre
    nosotros.

A ti, todo honor y toda gloria,

por los siglos de los siglos. Amén.

[del *Ritual de la Sagrada Comunión y del
culto eucarístico fuera de la Misa* (1974)]

Adoro Te Devote

Adórote devotamente, oculta Deidad,
que bajo estas sagradas Especies
te ocultas verdaderamente.
A ti mi corazón se somete totalmente,
pues al contemplarte,
se siente desfallecer por completo.

La vista, el tacto, el gusto, son aquí falaces;
sólo con el oído se llega a tener fe segura.
Creo todo lo que ha dicho el Hijo de Dios,
nada más verdadero que esta palabra de
    la Verdad.

En la cruz se ocultaba sólo la Divinidad,
más aquí se oculta hasta la humanidad.
Pero yo, creyendo y confesando entram-
    bas cosas,
pido lo que pidió el ladrón arrepentido.

Tus llagas no las veo, como las vio Tomás;
pero te confieso por Dios mío.
Haz que crea yo en ti más y más,
que espere en ti y te ame.

¡Oh recordatorio de la muerte del Señor,
pan vivo, que das vida al hombre!
Da a mi alma que ti viva
y disfrute siempre de tu dulce sabor.

Piadoso pelícano, Jesús Señor,
límpiame a mí, inmundo, con tu sangre;
una de cuyas gotas puede limpiar
al mundo entero de todo pecado.

Oh Jesús, a quien ahora veo velado,
te pido que se cumpla lo que yo
    tanto anhelo:
que viéndote finalmente cara a cara,
sea yo dichoso con la vista de tu gloria.
    Amén.

[Atribuida a santo Tomás de Aquino
(1225-1274)]

[del *Ritual de la Sagrada Comunión y del culto eucarístico fuera de la Misa* (1974)]

* El pelícano es un antiguo símbolo del Señor eucarístico. Se creía que, en tiempos de necesidad, un pelícano madre alimentaría a sus hijos con su propia sangre.

Ave Verum Corpus

¡Salve, Cuerpo verdadero, nacido de
    María Virgen!
Verdaderamente atormentado,
inmolado en la cruz por el hombre,
de cuyo costado traspasado manó agua
    y sangre.
Seas saboreado por nosotros en el trance
    de la muerte.
Oh Jesús dulce, oh Jesús piadoso, oh
    Jesús, hijo de María.

[del *Ritual de la Sagrada Comunión y del culto eucarístico fuera de la Misa* (1974)]

Secuencia: *Corpus Christi* (*Lauda, Sion*)

Al Salvador alabemos,
que es nuestro pastor y guía.

Alabémoslo con himnos
y canciones de alegría.

Alabémoslo sin límites
y con nuestras fuerzas todas;
pues tan grande es el Señor,
que nuestra alabanza es poca.

Gustosos hoy aclamamos
a Cristo, que es nuestro pan,
pues él es el pan de vida,
que nos da vida inmortal.

Doce eran los que cenaban
y les dio pan a los doce.
Doce entonces lo comieron,
y, después, todos los hombres.

Sea plena la alabanza
y llena de alegres cantos;
que nuestra alma se desborde
en todo un concierto santo.

Hoy celebramos con gozo
la gloriosa institución
de este banquete divino,
el banquete del Señor.

Ésta es la nueva Pascua,
Pascua del único Rey,

que termina con la alianza
tan pesada de la ley.

Esto nuevo, siempre nuevo,
es la luz de la verdad,
que sustituye a lo viejo
con reciente claridad.

En aquella última cena
Cristo hizo la maravilla
de dejar a sus amigos
el memorial de su vida.

Enseñados por la Iglesia,
consagramos pan y vino,
que a los hombres nos redimen,
y dan fuerza en el camino.

Es un dogma del cristiano
que el pan se convierte en carne,
y lo que antes era vino
queda convertido en sangre.

Hay cosas que no entendemos,
pues no alcanza la razón;
mas si las vemos con fe,
entrarán al corazón.

Bajo símbolos diversos
y en diferentes figuras,

se esconden ciertas verdades
maravillosas, profundas.

Su sangre es nuestra bebida;
su carne, nuestro alimento;
pero en el pan o en el vino
Cristo está todo completo.

Quien lo come no lo rompe,
no lo parte ni divide;
él es el todo y la parte;
vivo está en quien lo recibe.

Puede ser tan sólo uno
el que se acerca al altar,
o pueden ser multitudes:
Cristo no se acabará.

Lo comen buenos y malos,
con provecho diferente;
no es lo mismo tener vida
que ser condenado a muerte.

A los malos les da muerte
y a los buenos des da vida.
¡Qué efecto tan diferente
tiene la misma comida!

Si lo parten, no te apures;
sólo parten lo exterior;

en el mínimo fragmento
entero late el Señor.

Cuando parten lo exterior
sólo parten lo que has visto;
no es una disminución
de la persona de Cristo.

El pan que del cielo baja
es comida de viajeros.
Es un pan para los hijos.
¡No hay que tirarlo a los perros!

Isaac, el inocente,
es figura de este pan,
con el cordero de Pascua
y el misterioso maná.

Ten compasión de nosotros,
buen pastor, pan verdadero.
Apaciéntanos y cuídanos
y condúcenos al cielo.

Todo lo puedes y sabes,
pastor de ovejas, divino.
Concédenos en el cielo
gozar la herencia contigo.

Amén.

[*Secuencia compuesta por santo Tomás de Aquino.*]

Ubi Caritas

Donde hay caridad verdadera, allí
    está Dios.
Nos congregó y unió el amor de Cristo.
Regocijémonos y alegrémonos en él.
Temamos y amemos al Dios vivo.
Y amémonos con corazón sincero.

Donde hay caridad verdadera, allí
    está Dios.
Pues estamos en un cuerpo congregados,
cuidemos que no se divida nuestro afecto.
Cesen las contiendas malignas, cesen
    los litigios.
Y en medio de nosotros esté Cristo Dios.

Donde hay caridad verdadera, allí
    está Dios.
Veamos juntamente con los santos
Tu glorioso rostro, ¡oh Cristo Dios!,
Éste será gozo inmenso y puro,
por los siglos de los siglos infinitos. Amén.

[del *Ritual de la Sagrada Comunión y del culto eucarístico fuera de la Misa* (1974)]

LETANÍAS

Letanía del santo Nombre de Jesús

Señor, ten piedad de nosotros.
> Señor, ten piedad de nosotros.

Cristo, ten piedad de nosotros.
> Cristo, ten piedad de nosotros.

Señor, ten piedad de nosotros.
> Señor, ten piedad de nosotros.

Cristo, óyenos.   Cristo, óyenos.

Cristo, escúchanos.   Cristo, escúchanos.

Dios, Padre
  celestial,   ten piedad de nosotros.

Dios Hijo,
  Redentor
  del mundo,   ten piedad de nosotros.

Dios Espíritu
  Santo,   ten piedad de nosotros.

Santísima
Trinidad,
un solo Dios,   ten piedad de nosotros.

Jesús, hijo de
Dios vivo,   ten piedad de nosotros.

Jesús, esplendor
del Padre,   ten piedad de nosotros.

Jesús, pureza de
la luz eterna,   ten piedad de nosotros.

Jesús, rey de
gloria,   ten piedad de nosotros.

Jesús, sol de
justicia,   ten piedad de nosotros.

Jesús, hijo de la
Virgen María,   ten piedad de nosotros.

Jesús, amable,   ten piedad de nosotros.

Jesús, admirable,   ten piedad de nosotros.

Jesús, Dios
fuerte,   ten piedad de nosotros.

Jesús, padre del
siglo futuro,   ten piedad de nosotros.

Jesús, mensajero del
  plan divino,   ten piedad de nosotros.

Jesús, todopoderoso,
                    ten piedad de nosotros.

Jesús, pacientísimo,
                    ten piedad de nosotros.

Jesús, obedientísimo,
                    ten piedad de nosotros.

Jesús, manso y humilde
  de corazón,   ten piedad de nosotros.

Jesús, amante de castidad,
                    ten piedad de nosotros.

Jesús, amador nuestro,
                    ten piedad de nosotros.

Jesús, Dios de paz,
                    ten piedad de nosotros.

Jesús, autor de
  la vida,   ten piedad de nosotros.

Jesús, modelo
  de virtudes,   ten piedad de nosotros.

Jesús, celoso de
  la salvación de
  las almas,   ten piedad de nosotros.

Jesús, nuestro Dios, ten piedad de nosotros.

Jesús, nuestro
refugio, ten piedad de nosotros.

Jesús, padre de
los pobres, ten piedad de nosotros.

Jesús, tesoro de
los fieles, ten piedad de nosotros.

Jesús, pastor bonus, ten piedad de nosotros.

Jesús, verdadera luz, ten piedad de nosotros.

Jesús, sabiduría eterna, ten piedad de nosotros.

Jesús, bondad infinita, ten piedad de nosotros.

Jesús, camino y
vida nuestra, ten piedad de nosotros.

Jesús, alegría de
los ángeles, ten piedad de nosotros.

Jesús, rey de
los patriarcas, ten piedad de nosotros.

Jesús, maestro de
los apóstoles, ten piedad de nosotros.

Jesús, doctor de los
  evangelistas,   ten piedad de nosotros.

Jesús, fortaleza de
  los mártires,   ten piedad de nosotros.

Jesús, luz de
  los confesores, ten piedad de nosotros.

Jesús, pureza de
  las vírgenes,   ten piedad de nosotros.

Jesús, corona de
  todos santos,   ten piedad de nosotros.

Senos propicio,
  perdónanos, Jesús.

              Senos propicio,
           perdónanos, Jesús.

Senos propicio,
  escúchanos Jesús.

              Senos propicio,
           escúchanos Jesús.

De todo mal,   libranos, Jesús.

De todo pecado,   libranos, Jesús.

De tu ira,   libranos, Jesús.

De las asechanzas
  del demonio,   libranos, Jesús.

Del espíritu impuro,	libranos, Jesús.
De la muerte eterna,	libranos, Jesús.
Del menosprecio de tus inspiraciones,	libranos, Jesús.
Por el misterio de tu santa encarnación,	libranos, Jesús.
Por tu natividad,	libranos, Jesús.
Por tu infancia,	libranos, Jesús.
Por tu divinísima vida,	libranos, Jesús.
Por tus trabajos,	libranos, Jesús.
Por tu agonía y Pasión,	libranos, Jesús.
Por tu cruz y desamparo,	libranos, Jesús.
Por tus sufrimientos,	libranos, Jesús.
Por tu muerte y sepultura,	libranos, Jesús.
Por tu resurrección,	libranos, Jesús.
Por tu ascensión,	libranos, Jesús.
Por tu institución de la santísima Eucaristía,	libranos, Jesús.
Por tus gozos,	libranos, Jesús.
Por tu gloria,	libranos, Jesús.

Cordero de Dios,
   que quitas los pecados
   del mundo,

                    perdónanos, Jesús.

Cordero de Dios,
   que quitas los pecados
   del mundo,

                    escúchanos, Jesús.

Cordero de Dios,
   que quitas los pecados
   del mundo,

            ten piedad de nosotros, Jesús.

Jesús, óyenos.   Jesús, óyenos.

Jesús, escúchanos.   Jesús, escúchanos.

Oremos:

A quienes veneramos el santísimo nombre de Jesús, concede, Señor, en tu bondad, que, disfrutando en esta vida de su dulzura, nos llenemos del gozo eterno en la patria. Por Jesucristo, nuestro Señor. Amén.

Letanía del Sagrado Corazón de Jesús

Señor, ten piedad de nosotros.

> Señor, ten piedad de nosotros.

Cristo, ten piedad de nosotros.

> Cristo, ten piedad de nosotros.

Señor, ten piedad de nosotros.

> Señor, ten piedad de nosotros.

Cristo, óyenos.   Cristo, óyenos.

Cristo, escúchanos.   Cristo, escúchanos.

Dios, Padre
celestial,   ten piedad de nosotros.

Dios Hijo, Redentor
del mundo,   ten piedad de nosotros.

Dios Espíritu Santo,

> ten piedad de nosotros.

Santísima Trinidad,
un solo Dios,   ten piedad de nosotros.

Corazón de Jesús,
Hijo del
Eterno Padre,   ten piedad de nosotros.

Corazón de Jesús, formado
  en el seno de la Virgen
  Madre por el
  Espíritu Santo, ten piedad de nosotros.

Corazón de Jesús,
  unido sustancialmente
  al Verbo
  de Dios,   ten piedad de nosotros.

Corazón de Jesús,
  de infinita
  majestad,   ten piedad de nosotros.

Corazón de Jesús,
  templo santo
  de Dios,   ten piedad de nosotros.

Corazón de Jesús,
  tabernáculo
  del Altísimo,   ten piedad de nosotros.

Corazón de Jesús,
  casa de Dios
  y puerta del cielo,
                  ten piedad de nosotros.

Corazón de Jesús,
  horno ardiente
  de caridad,   ten piedad de nosotros.

Corazón de Jesús,
  santuario de la justicia
  y del amor,   ten piedad de nosotros.

Corazón de Jesús,
  lleno de bondad
  y de amor,   ten piedad de nosotros.

Corazón de Jesús,
  abismo de todas
  las virtudes,   ten piedad de nosotros.

Corazón de Jesús,
  digno de
  toda alabanza, ten piedad de nosotros.

Corazón de Jesús, Rey
  y centro de todos
  los corazones,   ten piedad de nosotros.

Corazón de Jesús,
  en quien se hallan
  todos los tesoros
  de la sabiduría,
  y de la ciencia, ten piedad de nosotros.

Corazón de Jesús,
  en quien reside
  toda la plenitud
  de la divinidad, ten piedad de nosotros.

Corazón de Jesús,
en quien el Padre
se complace, ten piedad de nosotros.

Corazón de Jesús,
de cuya plenitud
todos hemos recibido,
ten piedad de nosotros.

Corazón de Jesús,
deseado de los eternos
collados, ten piedad de nosotros.

Corazón de Jesús,
paciente y lleno de
misericordia, ten piedad de nosotros.

Corazón de Jesús,
generoso para
todos los que
te invocan, ten piedad de nosotros.

Corazón de Jesús,
fuente de vida
y santidad, ten piedad de nosotros.

Corazón de Jesús,
propiciación por
nuestros pecados,
ten piedad de nosotros.

Corazón de Jesús,
   hecho obediente hasta
   la muerte,   ten piedad de nosotros.

Corazón de Jesús,
   traspasado por
   una lanza,   ten piedad de nosotros.

Corazón de Jesús,
   fuente de todo
   consuelo,   ten piedad de nosotros.

Corazón de Jesús,
   vida y resurrección
   nuestra,   ten piedad de nosotros.

Corazón de Jesús,
   paz y reconciliación
   muestra,   ten piedad de nosotros.

Corazón de Jesús,
   victima por los
   pecadores,   ten piedad de nosotros.

Corazón de Jesús,
   salvación de los que
   en ti esperan,   ten piedad de nosotros.

Corazón de Jesús,
   esperanza de los
   que en ti mueren,

                    ten piedad de nosotros.

Corazón de Jesús,
   delicia de todos
   los santos,   ten piedad de nosotros.

Cordero de Dios,
   que quitas los pecados
   del mundo,   perdónanos, Señor.

Cordero de Dios,
   que quitas los pecados
   del mundo,   óyenos, Señor

Cordero de Dios,
   que quitas los pecados
   del mundo,   ten piedad de nosotros.

Jesús, manso y humilde
   de Corazón,   haz nuestro corazón
                          semejante al tuyo.

Oremos:

Concédenos, Dios todopoderoso, que, gozosos de honrar el Corazón de tu amado Hijo, al recordar la grandeza de los beneficios de su amor, merezcamos recibir gracias cada vez más abundantes de esa fuente celestial. Por Jesucristo, nuestro Señor. Amén.

Letanía de la Preciosísima Sangre

Señor, ten piedad de nosotros.
    Señor, ten piedad de nosotros.

Cristo, ten piedad de nosotros.
    Cristo, ten piedad de nosotros.

Señor, ten piedad de nosotros.
    Señor, ten piedad de nosotros.

Cristo, óyenos.   Cristo, óyenos.

Cristo, escúchanos.   Cristo, escúchanos.

Dios, Padre
  celestial,   ten piedad de nosotros.

Dios Hijo, Redentor
  del mundo,   ten piedad de nosotros.

Dios Espíritu Santo,
        ten piedad de nosotros.

Santísima Trinidad,
  un solo Dios,   ten piedad de nosotros.

Sangre de Cristo, el
  unigénito del padre Eterno,   sálvanos.

Sangre de Cristo,
   Verbo de Dios encarnado,   sálvanos.

Sangre de Cristo, del
   testamento nuevo y eterno,   sálvanos.

Sangre de Cristo, derramada
   sobre la tierra en la agonía,   sálvanos.

Sangre de Cristo, vertida
   copiosamente en
   la flagelación,   sálvanos.

Sangre de Cristo, brotada en
   la coronación de espinas,   sálvanos.

Sangre de Cristo, derramada
   en la cuz,   sálvanos.

Sangre de Cristo, prenda de
   nuestra salvación,   sálvanos.

Sangre de Cristo, precisa para
   el perdón,   sálvanos.

Sangre de Cristo, bebida
   eucarística y refrigerio
   de las almas,   sálvanos.

Sangre de Cristo, manantial
   de misericordia,   sálvanos.

Sangre de Cristo, vencedora de
   los espíritus malignos,   sálvanos.

Sangre de Cristo, que das
valor a los mártires,   sálvanos.

Sangre de Cristo, fortaleza de
los confesores,   sálvanos.

Sangre de Cristo, inspiración de
las vírgenes,   sálvanos.

Sangre de Cristo, socorro
en el peligro,   sálvanos.

Sangre de Cristo, alivio de
los afligidos,   sálvanos.

Sangre de Cristo, solas
en las penas,   sálvanos.

Sangre de Cristo, esperanza
del penitente,   sálvanos.

Sangre de Cristo, consuelo
del moribundo,   sálvanos.

Sangre de Cristo, paz y ternura
para los corazones,   sálvanos.

Sangre de Cristo, promesa
de vida eterna,   sálvanos.

Sangre de Cristo, que libras
a las almas del purgatorio,   sálvanos.

Sangre de Cristo, acreedora
de todo honor y gloria,   sálvanos.

Cordero de Dios,
que quitas los pecados del mundo,
perdónanos, Señor.

Cordero de Dios,
que quitas los pecados del mundo,
escúchanos, Señor

Cordero de Dios,
que quitas los pecados del mundo,
ten piedad de nosotros.

V. ¡Oh Señor!, nos has redimido en
tu sangre.

R. Y nos hiciste reino de nuestro Dios.

Oremos:

Señor Dios, que redimiste a todos los
hombres con la preciosa Sangre de tu
Unigénito, conserva en nosotros la obra
de tu misericordia, para que, celebrando
sin cesar el misterio de nuestra salvación, merezcamos alcanzar sus frutos. Por
Jesucristo, nuestro Señor. Amén.

EXTRACTOS
DE LOS
DOCUMENTOS
PAPALES

Venerable Pío XII, Carta encíclica *Mystici Corporis Christi* (*Sobre el Cuerpo Místico de Cristo*)

36. Cristo nuestro Señor quiso que esta admirable y nunca bastante alabada unión, por la que nos juntamos entre nosotros y con nuestra divina Cabeza, se manifestara a los fieles de un modo singular por medio del *Sacrificio Eucarístico*. Porque en él los ministros sagrados hacen las veces no sólo de nuestro Salvador, sino también del Cuerpo místico y de cada uno de los fieles; y en él también los mismos fieles, reunidos en comunes deseos y oraciones, ofrecen al Eterno Padre, por las manos del sacerdote, el Cordero sin

mancilla hecho presente en el altar a la sola voz del mismo sacerdote, como hostia agradabilísima de alabanza y propiciación por las necesidades de toda la Iglesia. Y así como el divino Redentor, al morir en la cruz, se ofreció, a sí mismo, al Eterno Padre como Cabeza de todo el género humano, así también "en esta oblación pura" (Mal 1,11) no solamente se ofrece al Padre celestial como Cabeza de la Iglesia, sino que ofrece en sí mismo a sus miembros místicos, ya que a todos ellos, aun a los más débiles y enfermos, los incluye amorosísimamente en su Corazón.

El sacramento de la Eucaristía, además de ser una imagen viva y admirabilísima de la unidad de la Iglesia —puesto que el pan que se consagra se compone de muchos granos que se juntan, para formar una sola cosa (Cf. *Didache*, IX, 4)— nos da al mismo autor de la gracia sobrenatural, para que tomemos de él aquel Espíritu de caridad que nos haga vivir no ya nuestra vida, sino la de Cristo y amar al mismo Redentor en todos los miembros de su Cuerpo social.

San Juan XXIII, Carta encíclica *Sacerdotii Nostri Primordia* (*En san Juan María Bautista Vianney*)

La oración del Cura de Ars que pasó, digámoslo así, los últimos treinta años de su vida en su iglesia, donde le retenían sus innumerables, penitentes, era, sobre todo, una oración eucarística. Su devoción a nuestro Señor, presente en el Santísimo Sacramento del altar, era verdaderamente extraordinaria: "Allí está —decía— Aquel que tanto nos ama; ¿por qué no habremos de amarle nosotros?"[59]. Y ciertamente que él le amaba y se sentía irresistiblemente atraído hacia el Sagrario: "No es necesario hablar mucho para orar bien —así explicaba a sus parroquianos—. Sabemos que el buen Dios está allí, en el santo Tabernáculo: abrámosle el corazón, alegrémonos de su presencia. Esta es la mejor oración"[60]. En todo momento inculcaba él a los fieles el respeto y el amor a la divina presencia eucarística, invitándoles a acercarse con frecuencia a la santa mesa, y él mismo les daba ejemplo de esta tan profunda piedad: "Para convencerse de ello —refieren los testigos— bastaba verle celebrar la santa Misa, y verle cómo se arrodillaba cuando pasaba ante el Tabernáculo"[61].

"El admirable ejemplo del Santo Cura de Ars conserva también hoy todo su valor", afirma Pío XII[62]. En la vida de un sacerdote, nada puede sustituir a la oración silenciosa y prolongada ante el altar. La adoración de Jesús, nuestro Dios; la acción de gracias, la reparación por nuestras culpas y por las de los hombres, la súplica por tantas intenciones que le están encomendadas, elevan sucesivamente al sacerdote a un mayor amor hacia el Divino Maestro, al que se ha entregado, y hacia los hombres que esperan su ministerio sacerdotal. Con la práctica de este culto, iluminado y ferviente, a la Eucaristía, el sacerdote aumenta su vida espiritual, y así se reparan las energías misioneras de los apóstoles más valerosos.

59. Cf. *Archiv. Secret. Vat.*, v. 227, p. 1103.
60. Cf. *ibid.*, v. 227, p. 45.
61. Cf. *ibid.*, v. 227, p. 459.
62. Cf. Mensaje, 25 de junio 1956: AAS 48 (1956) 579.

San Pablo VI, Exhortación apostólica *Marialis Cultus* (*El culto a la Santísima Virgen María*)

20. Finalmente, María es la "Virgen oferente". En el episodio de la Presentación de Jesús en el Templo (cf. Lc 2,22-35), la Iglesia, guiada por el Espíritu, ha vislumbrado, más allá del cumplimiento de las leyes relativas a la oblación del primogénito (cf. Ex 13,11-16) y de la purificación de la madre (cf. Lev 12,6-8), un misterio de salvación relativo a la historia salvífica: esto es, ha notado la continuidad de la oferta fundamental que el Verbo encarnado hizo al Padre al entrar en el mundo (cf. Heb 10,5-7); ha visto proclamado la universalidad de la salvación, porque Simeón, saludando en el Niño la luz que ilumina las gentes y la gloria de Israel (cf. Lc 2,32), reconocía en Él al Mesías, al Salvador de todos; ha comprendido la referencia profética a la pasión de Cristo: que las palabras de Simeón, las cuales unían en un solo vaticinio al Hijo, "signo de contradicción", (Lc 2,34), y a la

Madre, a quien la espada habría de traspasar el alma (cf. Lc 2,35), se cumplieron sobre el calvario. Misterio de salvación, pues, que el episodio de la Presentación en el Templo orienta en sus varios aspectos hacia el acontecimiento salvífico de la cruz. Pero la misma Iglesia, sobre todo a partir de los siglos de la Edad Media, ha percibido en el corazón de la Virgen que lleva al Niño a Jerusalén para presentarlo al Señor (cf. Lc 2,22), una voluntad de oblación que trascendía el significado ordinario del rito. De dicha intuición encontramos un testimonio en el afectuoso apóstrofe de S. Bernardo: "Ofrece tu Hijo, Virgen sagrada, y presenta al Señor el fruto bendito de tu vientre. Ofrece por la reconciliación de todos nosotros la víctima santa, agradable a Dios"[56].

Esta unión de la Madre con el Hijo en la obra de la redención[57] alcanza su culminación en el calvario, donde Cristo "a si mismo se ofreció inmaculado a Dios" (Heb 9,14) y donde María estuvo junto a la cruz (cf. Jn 19,15) "sufriendo profundamente con su Unigénito y asociándose con ánimo materno a su sacrificio, adhiriéndose con ánimo materno a su sacrificio, adhiriéndose amorosamente a la inmolación de la Víctima por Ella engendrada"[58] y ofreciéndola Ella misma al Padre Eterno[59]. Para perpetuar en los siglos el Sacrificio de la Cruz, el Salvador instituyó el Sacrificio Eucarístico, memorial de su muerte y resurrección, y lo confió a la Iglesia su Esposa[60], la cual, sobre todo el domingo, convoca a los fieles para celebrar la Pascua del Señor hasta que Él venga[61]: lo que cumple la Iglesia en comunión con los Santos del cielo y, en primer lugar, con la bienaventurada Virgen[62], de la que imita la caridad ardiente y la fe inquebrantable.

56. *In purificatione B. Mariae*, Sermo III, 2: PL 183, 370; Sancti Bernardi Opera, ed. J. Leclereq-H. Rochais, IV Romae 1966, p. 342.

57. Cf. Conc. Vat. II, Const. dogm. sobre la Iglesia, *Lumen gentium*, no. 57; AAS 57 (1965), p. 61.

58. *Ibid.*, no. 58; AAS 57 (1965), p. 61.

59. Cf. Pius XII, Carta Encíclica, *Mystici Corporis*: AAS 35 (1943), p. 247.

60. Cf. Conc. Vat. II, Const. sobre la Sagrada Liturgia, *Sacrosanctum Concilium*, no. 47; AAS 56 (1964), p. 113.

61. Cf. *ibid.*, nos. 102 y 106; AAS 56 (1964), pp. 125 y 126.

62.	". . . Acuérdate de todos aquellos que te agradaron en esa vida, de los santos padres, de los patriarcas, de los profetas, de los apóstoles (. . .) y de la santa y gloriosa Madre de Dios, María, y de todos los santos (. . .) que se acuerden ellos de nuestra miseria y pobreza y te ofrezcan junto con nosotros este tremendo e incruento sacrificio": *Anaphora Iacobi fratris Domini syriaca: Prex Eucharistica*, ed. A. Hanggi-I Pahl, Fribourg, Editions Universitaires, 1968, p. 274.

San Pablo VI, Carta encíclica *Mysterium Fidei* (*Sobre la doctrina y culto de la Sagrada Eucaristía*)

Todos saben que la divina Eucaristía confiere al pueblo cristiano una dignidad incomparable. Ya que no sólo mientras se ofrece el sacrificio y se realiza el sacramento, sino también después, mientras la Eucaristía es conservada en las iglesias y oratorios, Cristo es verdaderamente el *Emmanuel*, es decir, "Dios con nosotros". Porque día y noche está en medio de nosotros, habita con nosotros lleno de gracia y de verdad[68]; ordena las costumbres, alimenta las virtudes, consuela a los afligidos, fortalece a los débiles, incita a su imitación a todos que a Él se acercan, de modo que con su ejemplo aprendan a ser mansos y humildes de corazón, y a buscar no ya las cosas propias, sino las de Dios. Y así todo el que se vuelve hacia el augusto sacramento eucarístico con particular devoción y se esfuerza en amar a su vez con prontitud y generosidad a Cristo que nos ama infinitamente, experimenta y comprende a fondo, no sin gran gozo y aprovechamiento del espíritu, cuán preciosa es la vida escondida con Cristo en Dios[69] y cuánto sirve estar en coloquio con Cristo: nada más dulce, nada más eficaz para recorrer el camino de la santidad. . . .

De aquí se sigue que el culto de la divina Eucaristía mueve muy fuertemente el ánimo a cultivar el amor *social*[71], por el cual anteponemos al bien privado el bien común; hacemos nuestra la causa de la comunidad, de la parroquia, de la Iglesia universal, y extendemos la caridad a todo el mundo, porque sabemos que doquier existen miembros de Cristo. . . .

La Santísima Virgen María, de la que Cristo Señor tomó aquella carne, que en este Sacramento, bajo las especies del pan y del vino, *se contiene, se ofrece y se come*[81], y todos los santos y las santas de Dios, especialmente los que sintieron más ardiente devoción por la divina Eucaristía, intercedan junto al Padre de las misericordias, para que de la común fe y culto eucarístico brote y reciba más vigor la perfecta unidad de comunión entre todos los cristianos. Impresas están en el ánimo la palabras del santísimo mártir Ignacio, que amonesta a los fieles de Filadelfia sobre el mal de las desviaciones y de los cismas, para los que es remedio la Eucaristía: "Esforzaos, pues —dice—, por gozar de una sola Eucaristía: porque una sola es la carne de Nuestro Señor Jesucristo, y uno solo es el cáliz en la unidad de su Sangre, uno el alta, como uno es el obispo. . ."[82].

68.   Cf. Jn *1:14*.
69.   Cf. Col 3:3.
----
71.   Cf. S. Agustín, *De Gen. ad litt.* 11, 15, 20 PL 34, 437.
---
81.   C.I.C. can. 801.
82.   San Ignacio de A., *Ep. ad Philadelph.* 4 PG 5, 700.

San Juan Pablo II, Carta encíclica *Ecclesia de Eucharistia* (*Sobre la Eucaristía*)

25. . . . Es hermoso estar con Él y, reclinados sobre su pecho como el discípulo predilecto (cf. Jn 13,25), palpar el amor infinito de su corazón. Si el cristianismo ha de distinguirse en nuestro tiempo sobre todo por el "arte de la oración",[48] ¿cómo no sentir una renovada necesidad de estar largos ratos en conversación espiritual, en adoración silenciosa, en actitud de amor, ante Cristo presente en el Santísimo Sacramento? ¡Cuántas veces, mis queridos hermanos y hermanas, he hecho esta experiencia y en ella he encontrado fuerza, consuelo y apoyo!

Numerosos Santos nos han dado ejemplo de esta práctica, alabada y recomendada repetidamente por el Magisterio.[49] De manera particular se distinguió por ella San Alfonso María de Ligorio, que escribió: "Entre todas las devociones, ésta de adorar a Jesús sacramentado es la primera, después de los sacramentos, la más apreciada por Dios y la más útil para nosotros".[50] La Eucaristía es un tesoro inestimable; no sólo su celebración, sino también estar ante ella fuera de la Misa, nos da la posibilidad de llegar al manantial mismo de la gracia. . . .

61.   El Misterio eucarístico —sacrificio, presencia, banquete— *no consiente reducciones ni instrumentalizaciones*; debe ser vivido en su integridad, sea durante la celebración, sea en el íntimo coloquio con Jesús apenas recibido en la comunión, sea durante la adoración eucarística fuera de la Misa. Entonces es cuando se construye firmemente la Iglesia y se expresa realmente lo que es: una, santa, católica y apostólica; pueblo, templo y familia de Dios; cuerpo y esposa de Cristo, animada por el Espíritu Santo; sacramento universal de salvación y comunión jerárquicamente estructurada.

48.   Carta ap. *Novo millennio ineunte* (6 enero 2001), no. 32: *AAS* 93 (2001), 288.

49.   "Durante el día, los fieles no omitan el hacer la visita al Santísimo Sacramento, que debe estar reservado en un sitio dignísimo con el máximo honor en las

iglesias, conforme a las leyes litúrgicas, puesto que la visita es prueba de gratitud, signo de amor y deber de adoración a Cristo Nuestro Señor, allí presente": Pablo VI, Carta enc. *Mysterium Fidei* (3 septiembre 1965): *AAS* 57 (1965), 771.

50. *Visite al SS. Sacramento ed a Maria Santissima*, Introduzione: *Opere ascetiche*, IV, Avelino 2000, 295.

San Juan Pablo II, Carta *Dominicae Cenae* (*Sobre el misterio y el culto de la Eucaristía*)

Culto del misterio eucarístico

3. Tal culto está dirigido a Dios Padre por medio de Jesucristo en el Espíritu Santo. Ante todo al Padre, como afirma el evangelio de San Juan: "Porque tanto amó Dios al mundo, que le dio su unigénito Hijo, para que todo el que crea en Él no perezca, sino que tenga la vida eterna".[9]

Se dirige también en el Espíritu Santo a aquel Hijo encarnado, según la economía de salvación, sobre todo en aquel momento de entrega suprema y de abandono total de sí mismo, al que se refieren las palabras pronunciadas en el cenáculo: "esto es mi Cuerpo, que será entregado por vosotros" . . . "éste es el cáliz de mi Sangre . . . que será derramada por vosotros".[10] La aclamación litúrgica: "Anunciamos tu muerte" nos hace recordar aquel momento. Al proclamar a la vez su resurrección, abrazamos en el mismo acto de veneración a Cristo resucitado y glorificado "a la derecha del Padre", así como la perspectiva de su "venida con gloria". *Sin embargo, es su anonadamiento voluntario, agradable al Padre y glorificado con la resurrección*, lo que, al ser celebrado sacramentalmente junto con la resurrección, nos lleva a la adoración del Redentor que "se humilló, haciéndose obediente hasta la muerte, y muerte de cruz".[11]

Esta adoración nuestra contiene otra característica particular: está compenetrada con la grandeza de esa Muerte Humana, en la que el mundo, es decir, cada uno de nosotros, es amado "hasta el fin".[12] Así pues, ella es también una respuesta que quiere corresponder a aquel Amor inmolado que llega hasta la muerte en la cruz: es nuestra "Eucaristía", es decir, nuestro agradecimiento, nuestra alabanza por habernos redimido con su muerte y hecho participantes de su vida inmortal mediante su resurrección.

Tal culto, tributado así a la Trinidad: Padre, Hijo y Espíritu Santo, acompaña y se enraíza ante todo en la celebración de la liturgia eucarística. Pero debe asimismo llenar nuestros templos, incluso fuera del horario de las Misas. En efecto, dado que el misterio eucarístico ha sido instituido por amor y nos hace presente sacramentalmente a Cristo, es digno de acción de gracias y de culto. Este culto debe manifestarse en todo encuentro nuestro con el Santísimo Sacramento, tanto cuando visitamos las iglesias como cuando las sagradas Especies son llevadas o administradas a los enfermos. . . .

5. . . . El culto eucarístico constituye el alma de toda la vida cristiana. En efecto, si la vida cristiana se manifiesta en el cumplimiento del principal mandamiento, es decir, en el amor a Dios y al prójimo, este amor encuentra su fuente precisamente

en el Santísimo Sacramento, llamado generalmente Sacramento del amor.

La Eucaristía significa esta caridad, y por ello la recuerda, la hace presente y al mismo tiempo la realiza. Cada vez que participamos en ella de manera consciente, se abre en nuestra alma una dimensión real de aquel amor inescrutable que encierra en sí todo lo que Dios ha hecho por nosotros los hombres y que hace continuamente, según las palabras de Cristo: "Mi Padre sigue obrando todavía, y por eso obro yo también".[21] Junto con este don insondable y gratuito, que es la *caridad* revelada hasta el extremo en el sacrificio salvífico del Hijo de Dios —del que la Eucaristía es señal indeleble— nace en nosotros una viva respuesta de amor. No sólo conocemos el amor, sino que nosotros mismos *comenzamos a amar.* Entramos, por así decirlo, en la vía del amor y progresamos en este camino. El amor que nace en nosotros de la Eucaristía, se desarrolla gracias a ella, se profundiza, se refuerza.

El culto eucarístico es, pues, precisamente expresión de este amor, que es la característica auténtica y más profunda de la vocación cristiana. Este culto brota del amor y sirve al amor, al cual todos somos llamados en Cristo Jesús.[22] Fruto vivo de este culto es la perfección de la imagen de Dios que llevamos en nosotros, imagen que corresponde a la que Cristo nos ha revelado. Convirtiéndonos así en adoradores del Padre "en espíritu y verdad",[23] maduramos en una creciente unión con Cristo, estamos cada vez más unidos a Él y —si podemos emplear esta expresión— somos más solidarios con Él.

La doctrina de la Eucaristía, "signo de unidad" y "vínculo de caridad", enseñada por San Pablo,[24] ha sido luego profundizada en los escritos de tantos santos, que son para nosotros un ejemplo vivo de culto eucarístico. Hemos de tener siempre esta realidad ante los ojos y, al mismo tiempo, debemos esforzarnos continuamente para que también nuestra generación añada a esos maravillosos ejemplos del pasado otros ejemplos nuevos, no menos vivos y elocuentes, que reflejen la época a la que pertenecemos.

9.   Jn 3,16. Es interesante señalar cómo estas palabras están tomadas de la Liturgia de S. Juan Crisóstomo inmediatamente antes de las de la consagración, e introducen a las mismas: cf. *La divina Liturgia del santo nostro Padre Giovanni Crisostomo*, Roma-Grottaferrata, 1967, pp. 104 s.

10. Cf. Mt 26,26 ss.; Mc 14,22-25; Lc 22,18 ss.; 1 Cor 11,23 ss.; cf. también las *Plegarias Eucarísticas* de la Liturgia actual.

11. Fil 2,8.

12. Jn 13,1.

---

21. Jn 5,17.

22. Cf. *Misal Romano*: Oración después de la comunión del Domingo XXII Ordinario: "Te rogamos, Señor, que este sacramento con que nos has alimentado, nos haga crecer en tu amor y nos impulse a servirte en nuestros prójimos".

23. Jn 4,23.

24. 1 Cor 10,17; comentado por S. Agustín *In Evangelium Ioannis tract.* 31, 13: PL 35, 1613; por el Concilio de Trento, sesión XIII, c. 8: *Conciliorum Oecumenicorum Decreta*, ed. 3ª, Bologna 1973, p. 697, 7; cf. Conc. Ecum. Vat. II, Const. dogm. sobre la Iglesia *Lumen gentium*, no. 7: AAS 57 (1965), p. 9.

113

Papa Benedicto XVI, Exhortación apostólica postsinodal *Sacramentum Caritatis* (*Sobre la Eucaristía fuente y culmen de la vida y de la misión de la Iglesia*)

66. . . . En la Eucaristía el Hijo de Dios viene a nuestro encuentro y desea unirse a nosotros; la adoración eucarística no es sino la continuación obvia de la celebración eucarística, la cual es en sí misma el acto más grande de adoración de la Iglesia[192]. Recibir la Eucaristía significa adorar al que recibimos. Precisamente así, y sólo así, nos hacemos una sola cosa con Él y, en cierto modo, pregustamos anticipadamente la belleza de la liturgia celestial. La adoración fuera de la santa Misa prolonga e intensifica lo acontecido en la misma celebración litúrgica. En efecto, "sólo en la adoración puede madurar una acogida profunda y verdadera. Y precisamente en este acto personal de encuentro con el Señor madura luego también la misión social contenida en la Eucaristía

y que quiere romper las barreras no sólo entre el Señor y nosotros, sino también y sobre todo las barreras que nos separan a los unos de los otros"[193].

71. El nuevo culto cristiano abarca todos los aspectos de la vida, transfigurándola: "Cuando comáis o bebáis o hagáis cualquier otra cosa, hacedlo todo para gloria de Dios" (1 Co 10,31). El cristiano está llamado a expresar en cada acto de su vida el verdadero culto a Dios. De aquí toma forma la naturaleza intrínsecamente eucarística de la vida cristiana. La Eucaristía, al implicar la realidad humana concreta del creyente, hace posible, día a día, la transfiguración progresiva del hombre, llamado a ser por gracia imagen del Hijo de Dios (cf. *Rm* 8,29 s.). Todo lo que hay de auténticamente humano —pensamientos y afectos, palabras y obras— encuentra en el sacramento de la Eucaristía la forma adecuada para ser vivido en plenitud. Aparece aquí todo el valor antropológico de la novedad radical traída por Cristo con la Eucaristía: el culto a Dios en la vida humana no puede quedar relegado

a un momento particular y privado, sino que, por su naturaleza, tiende a impregnar todos los aspectos de la realidad del individuo. El culto agradable a Dios se convierte así en un nuevo modo de vivir todas las circunstancias de la existencia, en la que cada detalle queda exaltado al ser vivido dentro de la relación con Cristo y como ofrenda a Dios. La gloria de Dios es el hombre viviente (cf. *1 Co* 10,31). Y la vida del hombre es la visión de Dios[203].

192. Cf. *Propositio* 6.

193. *Discurso a la Curia Romana* (22 diciembre 2005): *AAS* 98 (2006), 45.

---

203. Cf. S. Ireneo, *Contra las herejías* IV, 20, 7: *PG* 7, 1037.

Papa Benedicto XVI, *Meditación durante la procesión eucarística en Lourdes*

14 de septiembre 2008

La Hostia Santa expuesta ante nuestros ojos proclama este poder infinito del Amor manifestado en la Cruz gloriosa. La

Hostia Santa proclama el increíble anonadamiento de Quien se hizo pobre para darnos su riqueza, de Quien aceptó perder todo para ganarnos para su Padre. La Hostia Santa es el Sacramento vivo y eficaz de la presencia eterna del Salvador de los hombres en su Iglesia.

Papa Francisco, Exhortación apostólica *Gaudete et Exsultate* (*Alegraos y regocijaos*)

157. El encuentro con Jesús en las Escrituras nos lleva a la Eucaristía, donde esa misma Palabra alcanza su máxima eficacia, porque es presencia real del que es la Palabra viva. Allí, el único Absoluto recibe la mayor adoración que puede darle esta tierra, porque es el mismo Cristo quien se ofrece. Y cuando lo recibimos en la comunión, renovamos nuestra alianza con él y le permitimos que realice más y más su obra transformadora.

EXTRACTO DE UNA DECLARACIÓN PASTORAL DE LOS OBISPOS CATÓLICOS DE LOS ESTADOS UNIDOS

La Eucaristía y los hambres de la familia humana*

Una Declaración Pastoral emitida por la Conferencia Nacional de Obispos Católicos 20 de noviembre de 1975

(*Nota: Este siguiente extracto de la declaración pastoral fue traducido al español en el 2021 para ser utilizada en esta publicación).

La palabra, eucaristía, significa "dar gracias," y la Eucaristía es el acto supremo de agradecimiento en el cual Cristo ofrece un culto perfecto al Padre y se da a sí mismo como el regalo perfecto de amor a aquellos que creen en Él . . . .

La liturgia Eucarística . . . es simultáneamente "un sacramento de piedad, signo de unidad, vínculo de caridad, banquete pascual, en el cual se come a Cristo, el alma se llena de gracia y se nos da una prenda de la gloria venidera" (Concilio Vaticano II, *Constitución sobre la Sagrada Liturgia*, no. 47). . . . es también [apropiado] . . . recordar que hay muchas personas en nuestra nación y en nuestro mundo quienes experimentan unos profundos hambres los cuales ansían ser satisfechos. No existe ni uno de nosotros que no sienta alguna, o muchas, formas de hambre: ya que, aparte del hambre físico, los seres humanos tenemos unos profundos hambres emocionales, intelectuales y espirituales.

El placer, el poder, o las posesiones, pueden calmar temporalmente las punzadas de algunos de los hambres. No nos pueden satisfacer en los niveles más profundos de nuestra personalidad. Solo Dios puede hacer eso. "Nos hiciste, Señor, para ti, y nuestro corazón está inquieto hasta que descanse en ti" (San Agustín, *Confesiones*, 1.1).

Dios Padre nos ama tanto que Él envió a Su único Hijo para hacerse uno de nosotros y redimirnos. Jesús nos ama tanto que, incluso después de su muerte, resurrección y ascensión, Él permanece con nosotros. Él es, después de todo, Enmanuel, "Dios con nosotros", pero ahora por medio de Su Espíritu vivo y santificador. Ahora lo encontramos a Él en muchas formas: en los otros seres humanos, en cualquier lugar en donde la gente se reúna en Su nombre (Mt 18:20); en las inspiradoras palabras de las Sagradas Escrituras; en Su Iglesia, particularmente, en sus celebraciones litúrgicas; en la persona de Su ministro; y, especialmente, en los sacramentos, preeminentemente, en el sacramento de la Eucaristía.

En la Eucaristía, donde Jesús está realmente presente, Dios satisface nuestros hambres más profundos. El Sacrificio de la Misa es el acto supremo de reconciliación de Cristo. "Participando realmente del Cuerpo del Señor en la fracción del pan eucarístico, somos elevados a una comunión con Él y entre nosotros. 'Porque el pan es uno, somos muchos un solo cuerpo, pues todos participamos de ese único pan' (1 Co 10,17). Así todos nosotros nos convertimos en miembros de ese Cuerpo (cf. 1 Co 12,27) 'y cada uno es miembro del otro' (Rm 12,5)". (Concilio Vaticano II, *Constitución Dogmática sobre la Iglesia*, no. 7). La Eucaristía es ciertamente el Sacramento de Unidad, "por medio del cual se significa y se realiza la unidad de la Iglesia" (Concilio Vaticano II, *Decreto sobre el Ecumenismo*, no. 2). . . .

Los hombres y las mujeres sienten hambre no solo de los alimentos, sino también de Dios, no solo del pan en esta vida sino por el propio Pan de Vida; por Cristo, realmente presente en la Eucaristía, realmente recibido en la Santa Comunión, llevándonos hacia el Padre. La Eucaristía responde a nuestras necesidades y a nuestras preocupaciones —a nuestros muchos hambres— como seres humanos. . . .

1. **Hambre de Dios.** Si no tenemos a Dios, poco importa lo que tengamos. Si estamos alejados de Dios, estamos alejados de nuestro propio destino y plenitud. La vida humana absorta en sí misma se disminuye y está falta de propósito. La Eucaristía es un medio especial que nos dio Jesús para superar nuestro alejamiento de Dios. Es Cristo quien nos dice: "El que come mi carne y bebe mi sangre permanece en mí y yo en él" (Jn 6:56).

2. **Hambre de Pan.** Muchas personas hoy en día, físicamente, sienten hambre. Por cierto, la solución a la hambruna y a la malnutrición exige una mayor producción y una mejor distribución de los alimentos. Pero también exige "un concertado acto de solidaridad" de parte de las naciones y pueblos del mundo (Sínodo de Obispos, 1974, *Declaración sobre los derechos humanos y la reconciliación*). Nuestro compartir en la Eucaristía nos inspira a esa solidaridad así como también a acciones que la expresen; ya que una celebración sincera de la Eucaristía "debe conducir . . . a las obras de caridad y de mutua ayuda"

(Concilio Vaticano II, *Decreto sobre el Ministerio y la Vida de los Presbíteros*, no. 6).

3. **Hambre de Libertad y de Justicia.** La búsqueda de la libertad y la justicia no es algo opcional para los católicos, ni es una pequeña parte de la misión de la Iglesia. La participación en la lucha por la libertad y la justicia es un deber para cada uno de nosotros, ya que es un elemento esencial de la misión de redención y liberación de la Iglesia. En la Eucaristía encontramos la fuente de nuestro más profundo compromiso al servicio amoroso de nuestros hermanos y hermanas. . . .

4. **Hambre del Espíritu.** Al considerar este tema, el Congreso Eucarístico se centrará de manera especial en las vocaciones religiosas y en la necesidad de un compromiso por parte del clero y de los religiosos del mundo. Es muy apropiado que ello se haga en el contexto de la Eucaristía, ya que la función especial del clero y de los religiosos es dar testimonio de la naturaleza de la vida y del esfuerzo humano, transcendente y centrada en Dios, que la Eucaristía expresa supremamente. Esto no

es "por el alimento perecedero, sino por el que permanece hasta la Vida eterna, el que les dará el Hijo del hombre" (Jn 6:27).

5. **Hambre de la Verdad.** Jesús proclamó "Yo soy el Camino, la Verdad y la Vida" (Jn 14:6). Vemos, entonces, que el conocimiento de la verdad en el acto de fe significa más que una simple comprensión intelectual de unos conceptos abstractos. También significa el compromiso con una Persona. Nuestro encuentro más directo y profundo con esta Persona que es Verdad ocurre en el sacramento de la Eucaristía. Aquí la gracia fortalece nuestra aceptación de lo que enseña la fe y nuestro compromiso amoroso hacia la Persona que se encuentra en el centro de la fe.

6. **Hambre de Comprensión.** Nuestros tiempos están experimentando la tragedia del desarraigo entre naciones, razas, clases, Iglesias e, incluso, generaciones. Los miembros de una misma familia se sienten a veces como extraños entre ellos mismos. Los niños sienten que sus padres no los comprenden; los padres se sienten igual con respecto a sus hijos. La

necesidad de una reconciliación es clara. Qué mejor que lograr esa reconciliación en la Mesa del Señor; ya que "la Liturgia misma impulsa a los fieles a que . . . sean concordes en la piedad" (Concilio Vaticano II, *Constitución sobre la Sagrada Liturgia*, no. 10).

7. **Hambre de Paz.** En una era de tensión y de violencia, los límites de los instrumentos humanos para la paz son demasiado evidentes. Cristo es nuestra paz, y Cristo mismo en la Eucaristía nos proporciona nuestro modelo y mejor esperanza para la paz. Pues es Él quien "ha unido a los dos pueblos en uno solo, derribando el muro de enemistad que los separaba" (Ef 2:4). Es aquí, en la Eucaristía que "hay que empezar toda la formación para el espíritu de comunidad" (Concilio Vaticano II, *Decreto sobre el Ministerio y la Vida de los Presbíteros*, no. 6).

8. **Hambre de Jesús—El Pan de Vida.** Todos los hombres y mujeres tienen hambre de Cristo, consciente o inconscientemente. Es el Señor, recibido en forma digna y madura en la Santa Comunión,

quien ocasiona nuestra unidad amorosa con unos y otros y con Él. Sin la Eucaristía, todas las dimensiones de nuestra vida carecerían de algo esencial; en la Eucaristía encontramos los medios para superar nuestras debilidades y nuestra tendencia al pecado y para vivir de acuerdo a la voluntad de Dios para nosotros. "Les aseguro que si no comen la carne del Hijo del hombre y no beben su sangre, no tendrán Vida en ustedes. El que come mi carne y bebe mi sangre tiene Vida eterna, y yo lo resucitaré en el último día" (Jn 6:53-54).

La misteriosa realidad de la Eucaristía —"Porque mi carne es la verdadera comida y mi sangre, la verdadera bebida" (Jn 6:55)— es algo perplejo para algunos y un escándalo para otros. Siempre ha sido así. Después de que Jesús hizo la promesa de la Eucaristía, "muchos de sus discípulos decían: «¡Es duro este lenguaje! ¿Quién puede escucharlo? . . .Desde ese momento, muchos de sus discípulos se alejaron de él y dejaron de acompañarlo" (Jn 6:60-66).

Pero para aquellos que creen en la enseñanza de Jesús porque creen en Jesucristo mismo, la Eucaristía es, entre todos los regalos que nos ha dado, el más preciado y la razón de nuestra más profunda gratitud. Luego que se alejaran algunos de sus discípulos, Jesús preguntó entonces a los Doce: "¿También ustedes quieren irse?". Simón Pedro le respondió—por ellos y por nosotros. "Señor, ¿a quién iremos? Tú tienes palabras de Vida eterna. Nosotros hemos creído y sabemos que eres el Santo de Dios" (Jn 6:67-69). Oremos . . . para renovar nuestra fe, nuestra esperanza, nuestro amor y nuestra gratitud por el gran regalo de Nuestro Señor y Salvador Jesucristo en el sacramento de la Eucaristía; y para comprometernos nuevamente, en unión con Él, a la tarea de responder generosamente a los hambres de la familia humana.